FREDERICK HOYOS
JORGE GOMEZ
VELSSY HERNÁNDEZ

# CONFIGURACIÓN DE REDES SUPERPUESTAS (OVERLAY) CON EL FRAMEWORK ONOS

FREDERICK HOYOS
JORGE GOMEZ
VELSSY HERNÁNDEZ

# CONFIGURACIÓN DE REDES SUPERPUESTAS (OVERLAY) CON EL FRAMEWORK ONOS

## Configurando el Framework ONOS (Open Network Operating System)

PUBLICIA

**Imprint**
Any brand names and product names mentioned in this book are subject to trademark, brand or patent protection and are trademarks or registered trademarks of their respective holders. The use of brand names, product names, common names, trade names, product descriptions etc. even without a particular marking in this work is in no way to be construed to mean that such names may be regarded as unrestricted in respect of trademark and brand protection legislation and could thus be used by anyone.

Cover image: www.ingimage.com

Publisher:
PUBLICIA
is a trademark of
Dodo Books Indian Ocean Ltd. and OmniScriptum S.R.L publishing group

120 High Road, East Finchley, London, N2 9ED, United Kingdom
Str. Armeneasca 28/1, office 1, Chisinau MD-2012, Republic of Moldova, Europe
Printed at: see last page
**ISBN: 978-3-639-55992-7**

# CONFIGURACIÓN DE REDES SUPERPUESTAS (OVERLAY) CON EL FRAMEWORK ONOS

FREDERICK HOYOS FRANCO
JORGE GÓMEZ GÓMEZ
VELSSY HERNÁNDEZ RIAÑO

# CONFIGURACIÓN DE REDES SUPERPUESTAS (OVERLAY) CON EL FRAMEWORK ONOS

## Configurando el Framework ONOS (Open Network Operating System)

FREDERICK HOYOS FRANCO
JORGE GÓMEZ GÓMEZ
VELSSY HERNÁNDEZ RIAÑO

# Contenido

# SOBRE LOS AUTORES:

**FREDERICK HOYOS FRANCO**

Es ingeniero de sistemas, egresado de la universidad de Córdoba. Programador Full stack. Conocimientos en SQL, MySQL, PostgreSQL, VSCode, Microsoft SQL Server – Intermedio. Lenguajes de Programación: Java (Básico), Matlab, Python (Intermedio) ReactJS (Basico).

**Jorge Gómez Gómez**

Ingeniero de Sistemas, Recibió grado de Magister en Ingeniería Telemática en Universidad del Cauca Colombia en 2010, PhD en Tecnologías de la Información y Comunicaciones en la Universidad de Granada España en 2018, Docente tiempo completo del programa Ingeniería de Sistemas Universidad de Córdoba, Miembro Rama IEEE. Líneas de investigación:

Computación Ubicua y Servicios avanzados en Telecomunicaciones. Investigador Titular grupo de investigación SOCRATES Universidad de Córdoba. Es miembro Senior de la Rama IEEE

**Velssy Hernández Riaño**:

Es Ingeniera de Sistemas y tiene una Maestría en Ingeniería Telemática de la Universidad Francisco José de Caldas, Colombia. Es Profesora e Investigadora del grupo de investigación SOCRATES del Departamento de Ingeniería de Sistemas de la Universidad de Córdoba.

CAPÍTULO **0**

# INTRODUCCIÓN A LAS REDES SUPERPUESTAS (OVERLAY)

Las redes superpuestas desempeñan un papel crucial en la informática moderna al proporcionar una capa de abstracción por encima de la infraestructura de la red física. Son redes virtuales construidas sobre redes existentes, lo que permite una comunicación más flexible, eficiente y segura entre nodos. La importancia de las redes superpuestas radica en su capacidad para facilitar diversas aplicaciones en diversos dominios, desde sistemas distribuidos hasta redes peer-to-peer y redes de entrega de contenido (CDN) (Paphitis et al., 2023). Las redes superpuestas ofrecen varias ventajas, incluida una escalabilidad mejorada, tolerancia a fallas y equilibrio de carga. Al desacoplar la red lógica de la infraestructura física, las redes superpuestas permiten una adaptación dinámica a condiciones cambiantes, como la congestión de la red o fallas de nodos. Esta flexibilidad es particularmente valiosa en sistemas distribuidos a gran escala donde los nodos están dispersos geográficamente y sujetos a condiciones variables de la red (Trestioreanu et al., 2023).

Una de las principales aplicaciones de las redes superpuestas son los sistemas peer-to-peer (P2P). Las redes P2P aprovechan estructuras superpuestas para permitir la comunicación directa y el intercambio de recursos entre los nodos participantes sin depender de servidores centralizados. Ejemplos de aplicaciones

P2P incluyen el intercambio de archivos, la transmisión de vídeo y las plataformas informáticas distribuidas. Las redes superpuestas en sistemas P2P facilitan la difusión eficiente de datos, el control descentralizado y la solidez contra la rotación de nodos. Las redes superpuestas también desempeñan un papel crucial en las redes de entrega de contenido (CDN), que mejoran el rendimiento y la confiabilidad de la entrega de contenido web a los usuarios finales. Las CDN implementan redes superpuestas para almacenar en caché estratégicamente el contenido en servidores perimetrales ubicados más cerca de los usuarios, lo que reduce la latencia y la congestión de la red. Al distribuir contenido en múltiples puntos de presencia (PoP), las CDN garantizan una entrega de contenido más rápida y una mayor resistencia contra picos de tráfico y fallas del servidor (Yang et al.,2023). Además de las aplicaciones P2P y CDN, las redes superpuestas son fundamentales para admitir redes privadas virtuales (VPN) y protocolos de túnel. Las VPN utilizan redes superpuestas para crear conexiones seguras y cifradas a través de redes públicas, lo que permite el acceso remoto a recursos privados y garantiza la confidencialidad y la integridad de los datos. Los protocolos de túnel, como la LAN extensible virtual (VXLAN) y la encapsulación de enrutamiento genérico (GRE), aprovechan las redes superpuestas para encapsular y transportar el tráfico de red entre puntos finales a través de redes dispares (Jain et al., 2023).

Las redes superpuestas también encuentran aplicaciones en tablas hash distribuidas (DHT), un componente fundamental para los sistemas de almacenamiento escalables y descentralizados. Los DHT utilizan redes superpuestas para organizar y localizar datos de manera distribuida, lo que permite búsquedas eficientes de valores clave y recuperación de datos. Las plataformas de almacenamiento distribuido como BitTorrent e IPFS (InterPlanetary File System) dependen de redes superpuestas basadas en DHT para lograr tolerancia a fallas y replicación de datos en una red de nodos (Cao et al., 2023; Mo et al., 2023). Además, las redes superpuestas son parte integral de los ecosistemas blockchain y de finanzas descentralizadas (DeFi). Las redes blockchain, como Bitcoin y Ethereum, utilizan redes superpuestas para propagar transacciones y bloques entre nodos de igual a igual, lo que garantiza el consenso y la inmutabilidad del libro mayor distribuido. Las plataformas DeFi construidas con tecnología blockchain aprovechan las redes superpuestas para préstamos entre pares, intercambios descentralizados y otros servicios financieros sin depender de intermediarios tradicionales (Zarin, 2023).

También permiten una comunicación multidifusión eficiente, donde los datos se entregan simultáneamente a múltiples destinatarios. Las superposiciones de multidifusión optimizan la utilización del ancho de banda al replicar y entregar datos solo a los destinatarios interesados, lo que reduce la congestión de la red y mejora la escalabilidad para aplicaciones como transmisión de video en vivo, juegos en línea y distribución de contenido. Las redes superpuestas desempeñan un papel vital a la hora de mitigar la censura y promover la privacidad y el anonimato en línea. Las redes superpuestas como Tor (The Onion Router) emplean cifrado en capas y enrutamiento a través de una red de retransmisiones operadas por voluntarios para ocultar las identidades de los usuarios y eludir las medidas de censura. Al enrutar el tráfico a través de múltiples nodos, las redes superpuestas como Tor mejoran la privacidad y eluden la vigilancia y las restricciones de contenido (Arora et al., 2023). Las redes superpuestas también se aprovechan en arquitecturas de redes definidas por software (SDN) para abstraer y virtualizar recursos de red para una gestión y orquestación eficientes. Los controladores SDN utilizan redes superpuestas para configurar y controlar dinámicamente los flujos de red, lo que permite la programabilidad y la automatización en el aprovisionamiento y optimización de la red. Además, admiten la informática de borde al permitir el procesamiento distribuido y el almacenamiento en caché de contenido en el borde de la red. Las superposiciones de computación perimetral facilitan el procesamiento de datos de baja latencia y la entrega de contenido para aplicaciones sensibles a la latencia como Internet de las cosas (IoT), análisis en tiempo real y experiencias de realidad aumentada (AR)/realidad virtual (VR) (Kim et al., 2023).

Las redes superpuestas son fundamentales para permitir arquitecturas híbridas y de múltiples nubes al abstraer la infraestructura de nube subyacente y proporcionar una conectividad perfecta entre entornos de nube dispares. Las redes superpuestas permiten la movilidad de cargas de trabajo, la replicación de datos y la comunicación entre nubes, lo que permite a las organizaciones aprovechar los beneficios de múltiples proveedores de nube mientras mantienen la interoperabilidad y la coherencia de los datos. También potencian las soluciones WAN definidas por software (SD-WAN) al abstraer y optimizar la conectividad de red de área amplia. Las superposiciones SD-WAN utilizan múltiples enlaces de transporte, incluidos MPLS, banda ancha y redes celulares, para enrutar dinámicamente el tráfico según los requisitos de la aplicación, las condiciones de la red y las consideraciones de costos, mejorando así el rendimiento, la confiabilidad y la rentabilidad de la conectividad de área amplia. También facilitan la virtualización de funciones de red (NFV) al abstraer funciones de red del hardware subyacente y desplegarlas como instancias virtualizadas. Las superposiciones de NFV permiten el aprovisionamiento y el escalamiento bajo demanda de servicios de red, como firewalls, balanceadores de carga y sistemas de detección de intrusos, lo que mejora la agilidad, la escalabilidad y la rentabilidad en la infraestructura de red.

Las redes superpuestas también admiten la implementación de arquitecturas de microservicios al proporcionar mecanismos de descubrimiento de servicios, equilibrio de carga y tolerancia a fallas. Las superposiciones de microservicios abstraen la complejidad de las interacciones y dependencias de los servicios, lo que permite un rápido desarrollo, implementación y escalamiento de aplicaciones distribuidas en entornos nativos de la nube. Permiten orquestar aplicaciones en contenedores dentro de los clústeres de Kubernetes. Las superposiciones de Kubernetes facilitan la comunicación entre pods, el descubrimiento de servicios y la aplicación de políticas de red, lo que permite una implementación y gestión fluidas de cargas de trabajo en contenedores en entornos dinámicos y escalables. Permiten el aprendizaje federado y escenarios de computación perimetral colaborativa, donde los modelos de aprendizaje automático se entrenan en dispositivos distribuidos y nodos perimetrales. Las redes superpuestas facilitan una comunicación segura y eficiente entre los dispositivos participantes, lo que permite la capacitación de modelos colaborativos al tiempo que preserva la privacidad de los datos y minimiza la sobrecarga de comunicación.

En términos general, las redes superpuestas son indispensables en la informática moderna y ofrecen una capa de abstracción versátil y poderosa para construir sistemas distribuidos escalables, resistentes y eficientes. Desde redes P2P hasta CDN, desde blockchain hasta computación de borde, las redes superpuestas sustentan una amplia gama de aplicaciones en diversos dominios, impulsando la innovación y permitiendo la próxima generación de tecnologías en red. A medida que el panorama digital continúa evolucionando, las redes superpuestas seguirán siendo una piedra angular de la infraestructura de redes, lo que permitirá a las organizaciones satisfacer las demandas de un mundo cada vez más interconectado.

El propósito de este libro está orientado a ofrecer una guía sobre el proceso de instalación y administración de redes superpuestas usando el Framework ONOS (Open Network Operating System). Inicialmente se hace una introducción sobre las redes superpuestas, seguidamente se procede a los fundamentos teóricos, después se continua con la instalación, ejecución de aplicación y finalmente desarrollo de ejercicios de identificación y manipulación de dispositivos. En una vista general, lo que se desea en este libro, es ofrecer una guía que ilustre al lector de forma teórica y seguidamente la interacción con el entorno de trabajo para redes overlay.

# CAPÍTULO 1

## Fundamentos Teóricos

En la era de la conectividad global, gestionar y operar eficazmente las redes de datos se ha convertido en una tarea importante. Las redes definidas por software (SDN) han surgido como una solución innovadora para abordar la creciente complejidad de las redes y proporcionar a los administradores de redes un control centralizado y dinámico sobre su infraestructura. En este contexto, la plataforma ONOS (Open Network Operating System) ha surgido como una poderosa herramienta de código abierto que puede impulsar la revolución SDN.

ONOS se presenta como un sistema operativo de red abierta que permite una gestión de redes de datos más inteligente y flexible. Este marco, desarrollado por la Open Networking Foundation (ONF), se ha convertido en la base fundamental para transformar la infraestructura de red moderna. El enfoque en la centralización y la programabilidad de la red brinda a los operadores más flexibilidad y control sobre sus redes, brindando mejoras significativas en la eficiencia operativa.

El objetivo de este laboratorio es explorar las características y capacidades de ONOS en detalle, desde la arquitectura básica hasta aplicaciones y casos de uso del mundo real. A través de este proceso, obtendremos una comprensión más profunda de cómo ONOS resuelve los desafíos de gestión de red, cómo se integra con la tecnología SDN y cómo se puede utilizar para transformar la infraestructura de red de una organización.

Con ONOS, los administradores de red pueden adoptar un enfoque más dinámico y eficiente para administrar sus redes, lo que a su vez puede tener un impacto significativo en su escalabilidad, seguridad y adaptabilidad. Infraestructura de red moderna. En este laboratorio, exploraremos cómo ONOS puede ayudar a optimizar las redes definidas por software y sentar las bases para el futuro de las comunicaciones digitales.

## 1.1. Redes Virtuales Privadas (VPN)

Una red privada virtual VPN de las siglas en inglés de Virtual Private Network, es una tecnología de red que permite una extensión segura de la red local (LAN) sobre una red pública o no controlada como Internet. Permite que la computadora en la red envíe y reciba datos sobre redes compartidas o públicas como si fuera una red privada con toda la funcionalidad, seguridad y políticas de gestión de una red privada.

Básicamente existen cuatro arquitecturas de conexión VPN:

- **VPN de acceso remoto:** Es quizás el modelo más usado actualmente, y consiste en usuarios que se conectan desde sitios remotos utilizando Internet como vínculo de acceso. Una vez autenticados tienen un nivel de acceso muy similar al que tienen en la red local de la empresa
- **VPN punto a punto:** El servidor VPN, que posee un vínculo permanente a Internet, acepta las conexiones vía Internet provenientes de los sitios y establece el túnel VPN. Esto permite eliminar los costosos vínculos punto a

punto tradicionales (realizados comúnmente mediante conexiones de cable físicas entre los nodos).

- **Tunneling:** La técnica de tunneling consiste en encapsular un protocolo de red sobre otro (protocolo de red encapsulador) creando un túnel dentro de una red de computadoras. El establecimiento de dicho túnel se implementa incluyendo una PDU (unidades de datos de protocolo) determinada dentro de otra PDU con el objetivo de transmitirla desde un extremo al otro del túnel sin que sea necesaria una interpretación intermedia de la PDU encapsulada.
- **VPN over LAN:** Una aplicación realmente desconocida pero muy útil y potente consiste en establecer redes privadas virtuales dentro de una misma red local. Una aplicación muy típica de este modelo se utiliza para aumentar la seguridad en redes de acceso inalámbrico, separándolas así de la red física para evitar posibles fugas de información o accesos no autorizados. Sirve para aislar zonas y servicios de la red interna.

## 1.2. Redes Activas y Programables

Las redes activas (Active Networking) orientadas hacia el control de la red, conceptualizando una interfaz de programación (API) que expone los recursos (procesamiento, almacenamiento, colas de paquetes, etc) en nodos de red individuales y soporta la construcción de funcionalidades personalizadas para aplicar a un subconjunto de paquetes que pasan a través del nodo.

## 1.3. Red Overlay

Una red overlay es una red virtual de nodos enlazados lógicamente, que está construida sobre una o más redes subyacentes. Su objetivo es implementar servicios de red que no están disponibles en la red subyacente. Las redes superpuestas pueden apilarse de forma que tengamos capas que proporcionen servicios a la capa superior.

## 1.4. Redes Actuales

Debido al aumento en el número de dispositivos conectados y el creciente flujo de datos en las redes, las arquitecturas tradicionales se enfrentan a varias limitaciones:

- **Complejidad:** Para satisfacer las demandas cada vez más exigentes de los usuarios, se han desarrollado numerosos protocolos de red que ofrecen mejor rendimiento, confiabilidad y seguridad más estricta. Sin embargo, estos protocolos se han diseñado de manera aislada, lo que significa que cada solución está destinada a abordar un problema específico, lo que limita los beneficios de las soluciones generales. Esta complejidad dificulta la adaptabilidad dinámica de las redes a los cambios en el tráfico de las aplicaciones, lo que resulta en redes estáticas. La asignación de recursos se vuelve manual, ya que es necesario configurar equipos de diferentes fabricantes y ajustar parámetros según cada sesión o aplicación.

- **Inconsistencias en las políticas:** Implementar políticas que abarquen toda la red requiere la configuración de miles de mecanismos y dispositivos, lo que puede resultar en incumplimiento de regulaciones o configuraciones erróneas. Esto deja a la red vulnerable y expuesta a riesgos de seguridad y calidad de servicio inconsistentes.
- **Falta de escalabilidad:** Con la incorporación de cientos o miles de dispositivos de red, la gestión y configuración manual se vuelve cada vez más complicada. La red no puede escalar de manera eficiente para adaptarse al crecimiento y los cambios en la infraestructura.
- **Dependencia de los fabricantes:** La implementación de nuevas capacidades y servicios en respuesta a las demandas de los usuarios se ve obstaculizada por los ciclos de desarrollo de los fabricantes y la falta de interfaces estandarizadas. Esto limita la capacidad de la red para adaptarse rápidamente a entornos específicos y aprovechar las últimas innovaciones tecnológicas.

## 1.5. ONOS Framework

Una red overlay es una red virtual de nodos enlazados lógicamente, que está construida sobre una o más redes subyacentes. Su objetivo es implementar servicios de red que no están disponibles en la red subyacente. Las redes superpuestas pueden apilarse de forma que tengamos capas que proporcionan servicios a la capa superior.

### 1.5.1. Funcionamiento de ONOS

Una VLAN (Red de área local virtual o LAN virtual) es un método para crear redes lógicas independientes dentro de una misma red física.

Gracias a las redes virtuales (VLAN), es posible liberarse de las limitaciones de la arquitectura física (geográficas, de direccionamiento, etc.), ya que se define una segmentación lógica basada en el agrupamiento de equipos según determinados criterios (direcciones MAC, número de puertos, protocolo, etc).

Existen varios tipos de VLAN que son:

- **VLAN de nivel 1 (por puerto)**: También conocida como "port switching". Se especifica qué puertos del switch pertenecen a la VLAN, los miembros de dicha VLAN son los que se conecten a esos puertos.
- **VLAN de nivel 2 por direcciones MAC**: Se asignan hosts a una VLAN en función de su dirección MAC. Tiene la ventaja de que no hay que reconfigurar el dispositivo de conmutación si el usuario cambia su localización.
- **VLAN de nivel 2 por tipo de protocolo**: La VLAN queda determinada por el contenido del campo tipo de protocolo de la trama MAC
- **VLAN de nivel 3 por direcciones de subred (subred virtual)**: La cabecera de nivel 3 se utiliza para mapear la VLAN a la que pertenece. En este tipo de VLAN son los paquetes, y no las estaciones, quienes pertenecen a la VLAN.

- **VLAN de niveles superiores:** La pertenencia a una VLAN puede basarse en una combinación de factores como puertos, direcciones MAC, subred, hora del día, forma de acceso, condiciones de seguridad del equipo.

Las VLANs están definidas por los estándares IEEE 802.1D, 802.1p, 802.1Q y 802.10.

### 1.5.2. Características

Una red privada virtual VPN de las siglas en inglés de Virtual Private Network, es una tecnología de red que permite una extensión segura de la red local (LAN) sobre una red pública o no controlada como Internet. Permite que la computadora en la red envíe y reciba datos sobre redes compartidas o públicas como si fuera una red privada con toda la funcionalidad, seguridad y políticas de gestión de una red privada.

Básicamente existen cuatro arquitecturas de conexión VPN:

- **VPN de acceso remoto:** Es quizás el modelo más usado actualmente, y consiste en usuarios que se conectan desde sitios remotos utilizando Internet como vínculo de acceso. Una vez autenticados tienen un nivel de acceso muy similar al que tienen en la red local de la empresa
- **VPN punto a punto:** El servidor VPN, que posee un vínculo permanente a Internet, acepta las conexiones vía Internet provenientes de los sitios y establece el túnel VPN. Esto permite eliminar los costosos vínculos punto a

punto tradicionales (realizados comúnmente mediante conexiones de cable físicas entre los nodos).

- **Tunneling:** La técnica de tunneling consiste en encapsular un protocolo de red sobre otro (protocolo de red encapsulador) creando un túnel dentro de una red de computadoras. El establecimiento de dicho túnel se implementa incluyendo una PDU (unidades de datos de protocolo) determinada dentro de otra PDU con el objetivo de transmitirla desde un extremo al otro del túnel sin que sea necesaria una interpretación intermedia de la PDU encapsulada.
- **VPN over LAN:** Una aplicación realmente desconocida pero muy útil y potente consiste en establecer redes privadas virtuales dentro de una misma red local. Una aplicación muy típica de este modelo se utiliza para aumentar la seguridad en redes de acceso inalámbrico, separándolas así de la red física para evitar posibles fugas de información o accesos no autorizados. Sirve para aislar zonas y servicios de la red interna.
- **Centralización y Control Dinámico:** ONOS centraliza el control de la red, lo que significa que un controlador ONOS puede administrar múltiples dispositivos de red, como switches y routers, desde un solo punto. Esto permite una gestión más eficiente y simplificada de la red.
- **Arquitectura Modular:** ONOS se basa en una arquitectura modular y flexible que permite la incorporación de nuevos componentes y aplicaciones según las necesidades específicas de una red. Puedes personalizar ONOS para adaptarlo a los requerimientos de tu entorno de red.
- **Escalabilidad:** ONOS está diseñado para escalar a redes de gran envergadura y alta demanda. Puede manejar redes de centros de datos,

redes de acceso, redes empresariales y más, lo que lo hace adecuado para diversos casos de uso.

- **Aplicaciones y Controladores:** ONOS ofrece un conjunto de aplicaciones y controladores predefinidos, pero también permite el desarrollo de aplicaciones personalizadas. Estas aplicaciones pueden implementar políticas específicas de red, como enrutamiento, seguridad, equilibrio de carga, etc.
- **Adaptabilidad a Protocolos:** ONOS admite varios protocolos de comunicación con dispositivos de red, incluido OpenFlow, que es un protocolo comúnmente utilizado en redes SDN.
- **Open Source:** ONOS es un proyecto de código abierto, lo que significa que es gratuito y está disponible para su uso, modificación y contribución por parte de la comunidad.
- **Aplicaciones de Uso:** ONOS se utiliza en una variedad de casos de uso, como la administración de redes de centros de datos, la automatización de redes de acceso, la orquestación de servicios de red y más.
- **Comunidad Activa:** ONOS cuenta con una comunidad activa de desarrolladores y usuarios que colaboran en su mejora y expansión. Además, ONOS está respaldado por la Open Networking Foundation (ONF).

### 1.5.3. Componentes

Los componentes de ONOS se organizan en una arquitectura modular que permite su personalización según las necesidades específicas de una red. A continuación, se describen los componentes clave de ONOS:

- **Northbound API:** Esta API proporciona interfaces de programación para que las aplicaciones y servicios externos interactúen con ONOS. Permite a los desarrolladores crear aplicaciones personalizadas y controladores SDN que se comunican con ONOS para administrar la red.
- **Core Services:** Estos son componentes esenciales que brindan funcionalidad básica en ONOS:

  - **Cluster Manager**: Gestiona la formación y el funcionamiento de clústeres de instancias ONOS para redundancia y escalabilidad.
  - **Device Subsystem:** Administra dispositivos de red y su información.
  - **Link Subsystem:** Gestiona la información de enlaces entre dispositivos de red.
  - **Host Subsystem:** Administra información sobre hosts y sus ubicaciones en la red.

- **Distributed Database:** ONOS utiliza una base de datos distribuida para almacenar información sobre la topología de la red, los dispositivos, los flujos de OpenFlow y otros datos relevantes para la gestión de la red. Este componente facilita la recuperación y el mantenimiento de información crítica.

- **Southbound Plugin:** Los componentes en esta capa se comunican con los dispositivos de red reales (como switches) utilizando protocolos como OpenFlow o SNMP. ONOS utiliza estos plugins para gestionar y programar los dispositivos de la red.
- **Application Framework:** ONOS admite el desarrollo de aplicaciones personalizadas. El marco de aplicaciones permite a los desarrolladores crear aplicaciones de red específicas y controladores SDN para gestionar la red de acuerdo con los requisitos específicos.
- **GUI (Graphical User Interface):** ONOS ofrece una interfaz gráfica de usuario que permite a los operadores y administradores supervisar y gestionar la red de manera visual.
- **CLI (Command Line Interface):** ONOS también proporciona una interfaz de línea de comandos que permite a los usuarios interactuar con ONOS y realizar tareas administrativas a través de comandos.
- **SDN-IP:** Este es un componente opcional que permite la interoperabilidad entre redes IP tradicionales y SDN. Facilita la integración de dispositivos de red IP con ONOS y la gestión conjunta de redes SDN e IP.
- **Varios Controladores:** ONOS admite la posibilidad de tener varios controladores SDN en un entorno de red, lo que brinda redundancia y tolerancia a fallos.

ONOS es altamente modular y personalizable, lo que permite a los administradores de red y desarrolladores adaptar la plataforma a las necesidades específicas de su red. La arquitectura de ONOS es escalable y está diseñada para gestionar redes de diferentes tamaños y aplicaciones en el ámbito de SDN.

### 1.5.4. Arquitectura ONOS

La arquitectura del controlador ONOS incluye:

- Topología.
- Enrutamiento.
- Interfaz Gráfica de Usuario Web.
- Aplicación.
- Núcleo.
- Administrador de dispositivos.

Ahora, respecto al funcionamiento se proporciona de la siguiente manera:

- **Topología:** Cuando la red está en funcionamiento, la aplicación ayuda al controlador a descubrir los enlaces existentes en la red.
- **Enrutamiento:** Cuando el paquete llega al controlador, la aplicación de enrutamiento reaccionará e instalará la ruta para el tráfico.

- **Web GUI:** Es una aplicación que proporciona la interfaz visual de nuestra topología.

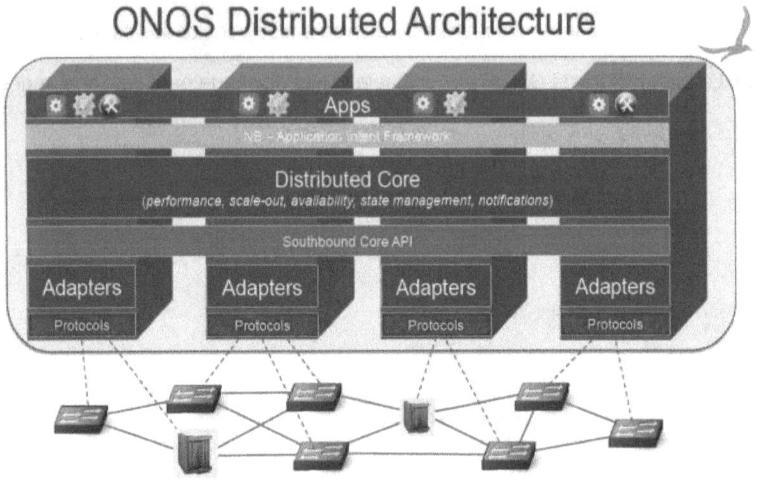


*Figura 1. ONOS Distributed Arquitecture.*

## 1.6. ONOS y OpenFlow

ONOS (Open Network Operating System) y OpenFlow están relacionados en el contexto de las redes definidas por software (SDN). OpenFlow es un protocolo de comunicaciones que permite a los controladores SDN como ONOS comunicarse con dispositivos de red como conmutadores y enrutadores para controlar la infraestructura de la red.

Esta relación se puede expresar de la siguiente forma. ONOS es el controlador SDN que utiliza el protocolo OpenFlow para gestionar y controlar dispositivos de red compatibles con OpenFlow. ONOS se encarga de programar las tablas de flujo en los switches y routers OpenFlow, lo que le permite tomar el control de la red y adaptarla según las necesidades de la aplicación o la organización.

## 1.7. ONOS y Mininet

ONOS y Mininet son dos herramientas que se utilizan en el ámbito de las redes definidas por software (SDN), pero cumplen roles diferentes y pueden trabajar juntas para crear un entorno de desarrollo y pruebas SDN más completo. Cada uno cumple una función las cuales se podrán mostrar a continuación:

### 1.7.1. ONOS (Open Network Operating System)

Los componentes de ONOS se organizan en una arquitectura modular que permite su personalización según las necesidades específicas de una red. A continuación, se describen los componentes clave de ONOS:

- **Función:** ONOS es un controlador SDN de código abierto que se utiliza para gestionar y controlar la infraestructura de red en un entorno SDN. Proporciona una plataforma de control centralizado que permite a los administradores de red definir políticas, tomar decisiones de enrutamiento y gestionar dispositivos de red de manera centralizada.
- **Aplicaciones:** ONOS se utiliza en entornos de producción para administrar redes SDN en centros de datos, redes de acceso, redes empresariales y

más. También es una plataforma para el desarrollo de aplicaciones SDN personalizadas.

### 1.7.2. Mininet

- **Función:** Mininet es una plataforma de emulación y virtualización de redes que permite a los desarrolladores crear topologías de red virtuales en una sola máquina. Se utiliza para emular redes SDN y probar aplicaciones y controladores SDN en un entorno controlado sin afectar la red física.
- **Aplicaciones:** Mininet es una herramienta valiosa para el desarrollo y las pruebas de aplicaciones y controladores SDN. Permite a los desarrolladores crear escenarios de red personalizados y experimentar con diferentes configuraciones de red.

## 1.8. Integración ONOS y Mininet

ONOS y Mininet son a menudo utilizados juntos en entornos de desarrollo y pruebas de SDN. La integración de ambas herramientas permite a los desarrolladores:

- Crear una topología de red virtual utilizando Mininet para emular dispositivos, hosts y enlaces.
- Configurar ONOS como el controlador SDN de esa topología virtual en Mininet.

- Desarrollar y probar aplicaciones y controladores personalizados en ONOS en un entorno virtual y controlado.

Esta integración es útil para validar el funcionamiento de las aplicaciones SDN y los controladores antes de implementarlos en una red de producción. Los desarrolladores pueden observar cómo ONOS controla el flujo de tráfico en la topología de Mininet y experimentar con diferentes escenarios de red sin riesgo para la infraestructura real.

# CAPÍTULO **2**

# Guía de Instalación

## 2.1. Máquina Virtual (Virtual Box)

La máquina virtual es lo más importante de este laboratorio, por lo cual se decidió instalar una de las más recomendadas, la cual es VirtualBox, una aplicación creada por la empresa de Oracle, la cual nos ayudará a emular una máquina independiente

```
$ https://www.virtualbox.org/
```

en nuestra computadora. Para instalar el VirtualBox, es necesario descargar el instalador de su página, el cual pueden encontrar a continuación.

Una vez que pulsen el enlace y los redirecciona a la página, descargan el instalador que va de acuerdo con su sistema operativo, en este caso el sistema operativo que se está usando es el **Windows 11**, por lo cual el instalador que se necesita para ejecutar el sistema es el del Windows, el cual se procede a descargar y arrojará un archivo de instalación.

## 2.2. Descargar Imagen ISO Ubuntu

Después de haberse instalado y ejecutado el VirtualBox sin problemas, procedemos a instalar el sistema operativo recomendado para trabajar con OpenStack, el cual es el sistema operativo Ubuntu Jammy JellyFish, el cual pueden instalar en el enlace que se proporcionara

a continuación:

```
$ https://releases.ubuntu.com/18.04/
```

Después de ingresar a la página oficial en el cual descargaran la imagen .ISO del apartado que dice "Desktop Imagen".

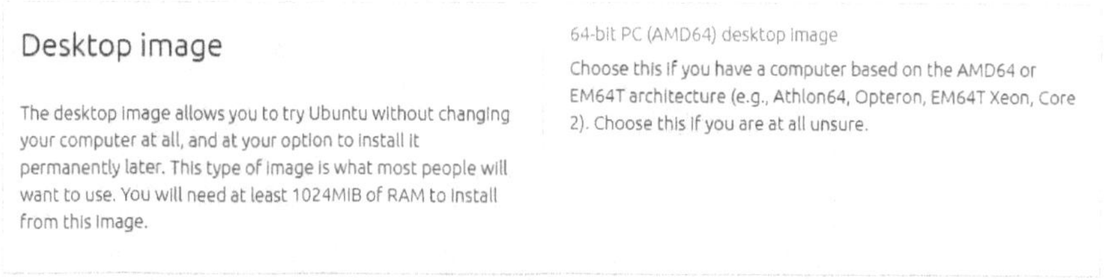


*Figura 2. Apartado de Descarga de Ubuntu.*

Este es el archivo que se utilizara para configurar nuestro entorno Linux, en la máquina virtual de VirtualBox, ahora procederemos a dirigir a nuestra máquina virtual y en el apartado de arriba, nos dirigimos al botón que dice "Nueva" y lo pulsamos:

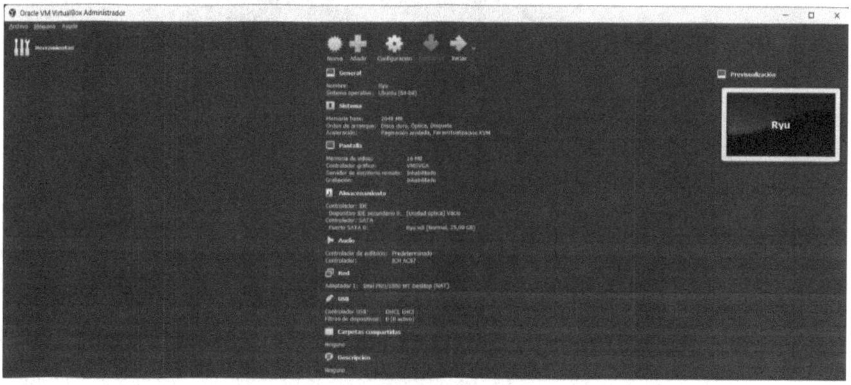


*Figura 3. Máquina Virtual.*

Se nos abrirá un apartado en donde procederemos a hacer los siguientes pasos:

1. Asignamos el nombre de la máquina virtual.
2. Seleccionamos la imagen .ISO con la que vamos a trabajar la cual se selecciona en el apartado que dice **"ISO IMAGE"**.

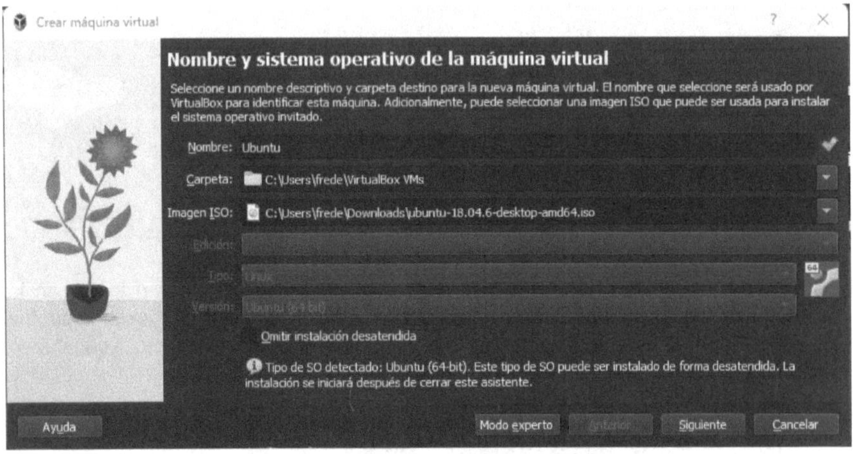


*Figura 4. Creación de Máquina.*

3. Después, pasamos al siguiente apartado en donde se configurará la contraseña si así usted lo desea o se deja por default(changeme) como se hará en esta ocasión:

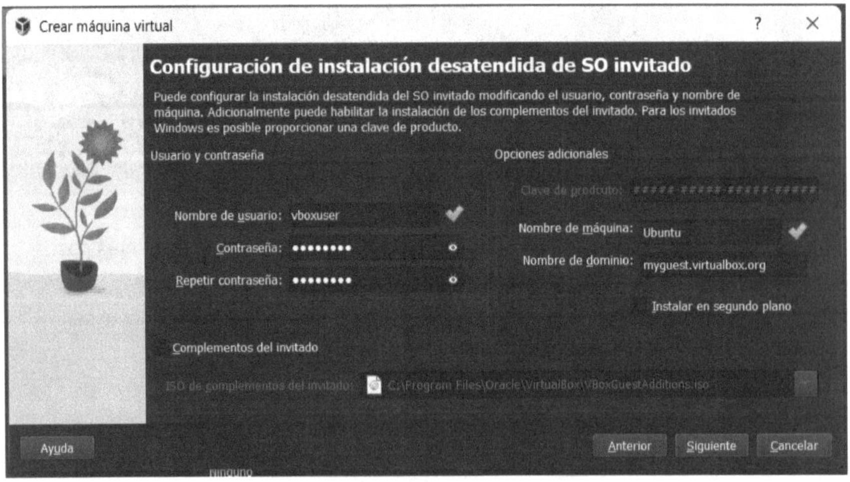


*Figura 5. Apartado de Configuración.*

4. Pasamos al siguiente apartado en donde configuraremos la **Memoria Base** y el **Procesador**, si al ejecutar OpenStack, se genera un error,

posiblemente sea por falta de memoria base y procesador, por eso en este caso asignaremos **5000 MB** de memoria base y **6 CPUs.**

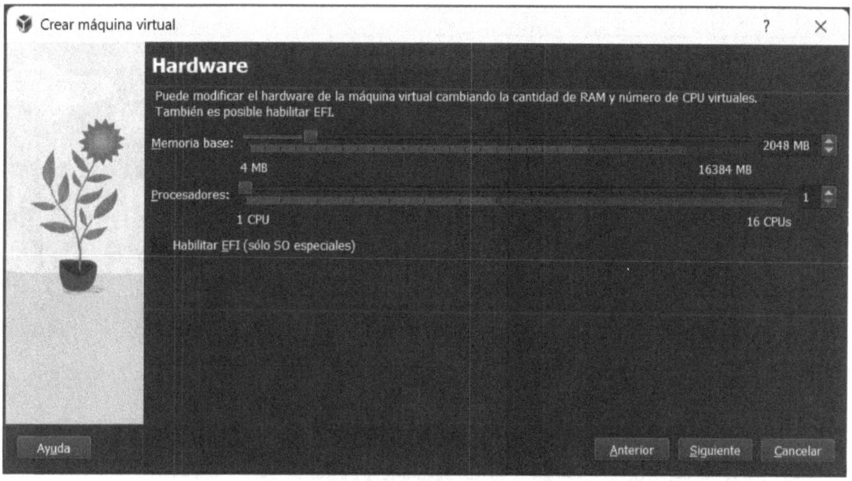


*Figura 6. Apartado de Asignación de Recursos.*

5. Ahora, se pasará a la siguiente parte y es donde configuraremos el espacio, por motivos de no gastar tanto espacio a su disco duro, lo dejaremos por **default.**

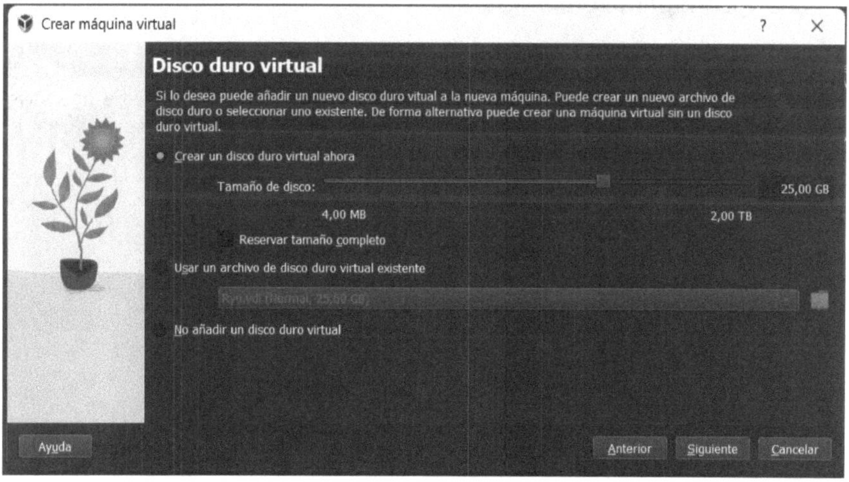


*Figura 7. Aparto de Asignación de Espacio de Disco.*

6. Por último, se nos mostrará en la siguiente ventana un breve resumen de cómo se configuró toda la máquina virtual y le daremos al botón de "Terminar".

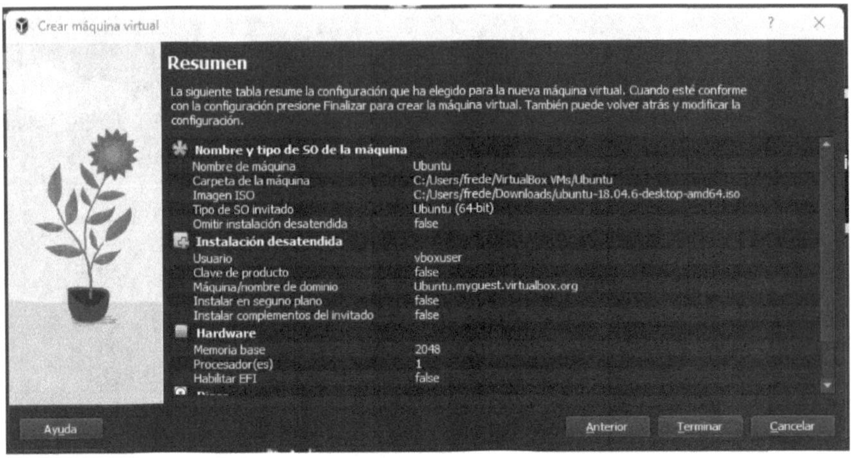


*Figura 8. Apartado de Resumen de las Configuraciones.*

## 2.3. Configuraciones Ubuntu

Para esta parte es necesario hacer ciertos detalles, por el cual empezaremos a abrir la máquina virtual en donde está instalado la imagen .ISO del sistema operativo descargado anteriormente, el cual hará varias instalaciones. Después de iniciar el sistema nos dirigimos a buscar Settings.

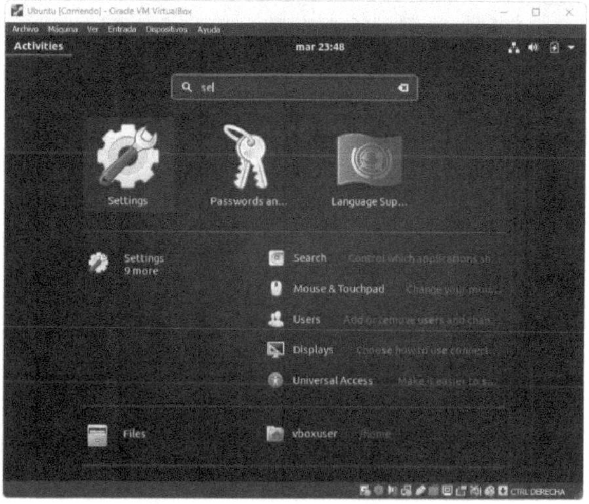


*Figura 9. Menú de Búsqueda.*

Buscamos la opción Region & Language y damos click en Languages.

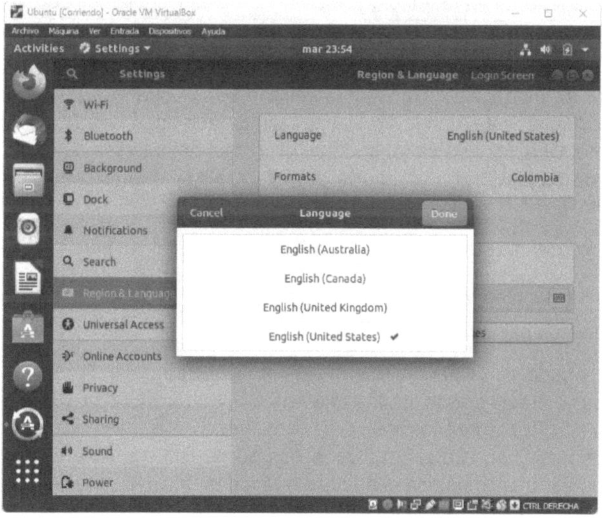


*Figura 10. Menú de Lenguaje.*

Procederemos a dar click en **"English (Canada)"** y posteriormente nos pedirá reiniciar, así que pulsamos el botón de **"Restart"**

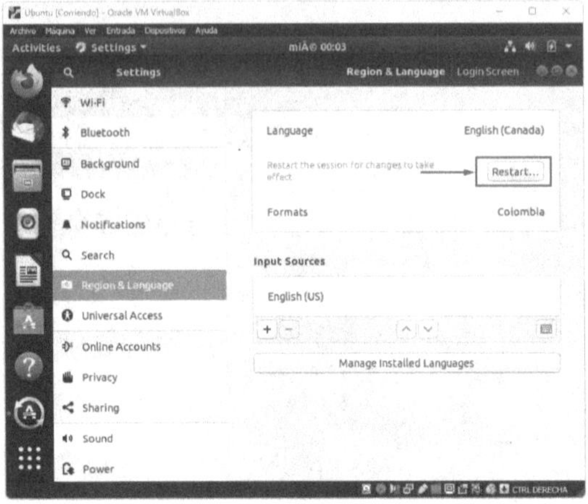


*Figura 11. Apartado de Región y Lenguaje.*

Ingresamos a la terminal de Linux, y escribiéramos los siguientes comandos:

```
$ su
$ nano /etc/sudoers
```

El comando se utiliza para cambiar al usuario superusuario (root) en un sistema Linux. Al ejecutar este comando, se te pedirá que ingreses la contraseña del superusuario. Una vez que se autentique, el prompt del sistema cambiará y tendrás privilegios de superusuario, lo que te permite realizar operaciones que requieren permisos elevados.

El comando nano /etc/sudoers se utiliza para abrir y editar el archivo de configuración /etc/sudoers utilizando el editor de texto nano. El archivo /etc/sudoers es un archivo de configuración que determina los permisos y configuraciones relacionadas con el comando sudo en Linux.

Una vez aplicado el comando nos llevará a este apartado. Donde bajaremos y buscaremos la línea donde dice #User privilege specification y debajo de root ALL=(ALL:ALL) ALL agregaremos la siguiente línea vboxuser ALL=(ALL:ALL) ALL. En este caso usamos vboxuser porque ese es nuestro nombre de usuario en el sistema sino es tu caso coloca el nombre que asignaste.

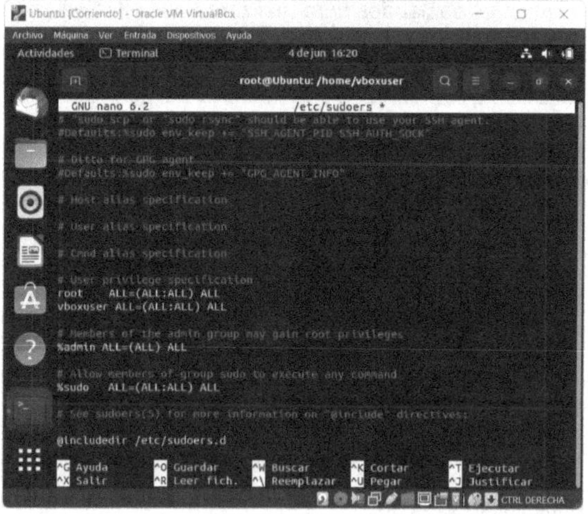


*Figura 12. Terminal – Configurar SuperUsuario.*

Y guardamos los cambios con **Control + X**, luego **"S"** y luego presionamos enter para confirmar y listo.

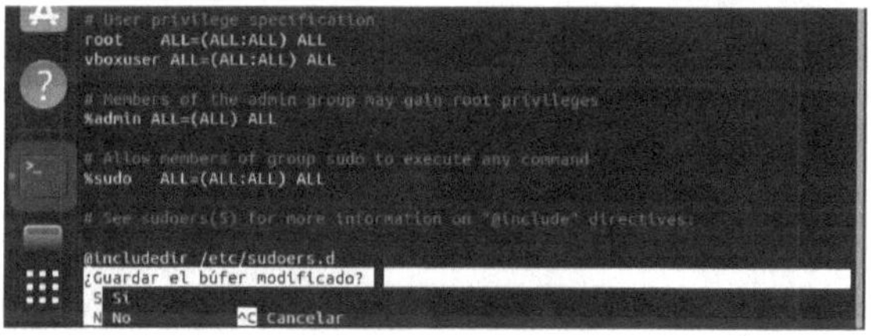


*Figura 13. Terminal – Guardar cambios.*

## 2.4. Preparación del Ambiente

Ryu es un marco de red definido por software basado en componentes.

Ryu proporciona componentes de software con API bien definidas que facilitan a los desarrolladores la creación de nuevas redes. Aplicaciones de gestión y control. Ryu admite varios protocolos para administrar dispositivos de red, como OpenFlow, Netconf, OF-config, etc. Acerca de OpenFlow, Ryu admite completamente 1.0, 1.2, 1.3, 1.4, 1.5 y Nicira Extensions.

Todo el código está disponible gratuitamente bajo la licencia Apache 2.0. Ryu está completamente escrito en Python.

Escribimos los siguientes comandos para realizar tareas relacionadas con la gestión de paquetes y repositorios.

```
$ sudo apt-get install software-properties-common
```

Este comando se utiliza para instalar el paquete llamado "software-properties-common". Este paquete proporciona utilidades comunes para manejar repositorios de software en Ubuntu. Al instalarlo, tendrás acceso a comandos como add-apt-

```
$ sudo add-apt-repository ppa:deadsnakes/ppa
```

repository y apt-get update.

Este comando agrega un repositorio de software personal al sistema. En este caso, estás agregando el PPA (Personal Package Archive) "deadsnakes/ppa" a la lista de repositorios disponibles. El PPA "deadsnakes" es conocido por proporcionar versiones actualizadas de Python en Ubuntu.

```
$ sudo apt-get update
```

Este comando se utiliza para actualizar la lista de paquetes disponibles en los repositorios configurados en el sistema. Después de agregar un nuevo repositorio, es importante actualizar la lista de paquetes para asegurarse de que tengas acceso

```
$ sudo apt-get install python3.9 python3.9-dev python3.9-distutils
```

a las últimas versiones disponibles. El comando apt-get update no instala o actualiza los paquetes en sí, solo actualiza la información sobre los paquetes disponibles en los repositorios.

Este comando se utiliza para instalar la versión 3.9 de Python y algunos paquetes relacionados en un sistema operativo basado en Linux, como Ubuntu.

Al ejecutar este comando, descargarás el script get-pip.py desde la URL

```
$ wget https://bootstrap.pypa.io/get-pip.py
```

especificada. Una vez descargado, puedes ejecutar el script para instalar Pip en tu sistema, lo que te permitirá instalar fácilmente paquetes y módulos de Python de terceros.

Muestra la versión de pip y la versión de Python asociada. Debe mostrar que está

```
$ pip3 --version
```

utilizando Python 3.9.

## 2.5. Instalación Java

ONOS, al estar escrito con Java, necesita tener esta dependencia instalada en el sistema para ejecutarse. Esto se debe a que ONOS se basa en el lenguaje de programación Java y utiliza la plataforma Java para su funcionamiento.

Cuando instalas ONOS en tu sistema, no solo estás instalando la aplicación ONOS en sí, sino también la máquina virtual Java (JVM) y las bibliotecas de Java necesarias para que ONOS funcione correctamente. Java proporciona la base para la ejecución de ONOS y permite que ONOS sea multiplataforma, lo que significa que puedes ejecutarlo en diferentes sistemas operativos que admiten Java.

Java se puede instalar de la siguiente forma:

```
$ sudo apt install default-jdk
```

Comprobamos la versión

```
$ java --version
```

Ahora, procedemos a proporcionar una ruta a la cual apunte al directorio raíz de la instalación de Java, para que se facilita la búsqueda de este por otras aplicaciones que utilicen la instalación de Java en el sistema, para esto escribimos el siguiente comando:

```
$ update-alternatives --config java
```

Este comando, te mostrara una lista de las instalaciones de Java disponibles en tu sistema. El sistema te pedirá que elijas una de las instalaciones como la versión predeterminada de Java para tu sistema.

Este comando, indicara que se esta utilizando el OpenJDK11 como instalación de Java y que la ubicación de la instalación de Java se encuentra en ese directorio.

```
$ export JAVA_HOME=/usr/lib/jvm/java-11-openjdk-amd64
```

Este comando, generalmente se configura para apuntar al directorio raíz de la instalación de Java en el sistema, lo que facilita a las aplicaciones y herramientas basadas en Java encontrar la ubicación de Java.

```
$ echo $JAVA_HOME
```

## 2.6. Instalación Maven

ONOS, utiliza Apache Maven como una herramienta de construcción y gestión de proyectos para simplificar el proceso de desarrollo, compilación y gestión de sus componentes de software.

Escribimos el siguiente comando:

```
$ sudo apt update
```

Este comando, se conecta a los servidores de los repositorios configurados y obtiene la información más reciente sobre los paquetes, sus versiones y las

```
$ sudo apt install maven
```

dependencias.

Este comando, instala Apache Maven en tu sistema, lo que te permitirá utilizarlo para construir y gestionar proyectos de software que dependen de esta herramienta.

Este comando sirve para comprobar la versión de Maven.

```
$ mvn --version
```

## 2.7. Instalación Karaf

Karaf, se utiliza en ONOS como un contenedor de aplicaciones que permite implementar y gestionarla dichas aplicaciones y servicios en el entorno ONOS. Lo cual facilita la modularidad, la escalabilidad y la gestión de dependencias en la plataforma ONOS.

Para empezar, escribimos el siguiente comando:

```
$ cd Downloads o cd Descargas (Si es un entorno en el idioma español)
```

Este comando, generalmente se usa para movernos entre carpetas, en esta línea, estamos pidiéndole al sistema que nos mueva a la carpeta **"Downloads"**.

```
$ wget https://archive.apache.org/dist/karaf/3.0.5/apache-karaf-3.0.5-src.tar.gz
```

Este comando, se usa para descargar el archivo que nos indica la ruta.

```
$ tar -zxvf apache-karaf-3.0.5-src.tar.gz
```

Este comando, se utiliza para descomprimir y extraer el archivo empaquetado que se descargó previamente en formato "tar.gz"

Este comando, se usa para descargar el archivo que nos indica la ruta.

```
$ wget http://apt.puppetlabs.com/puppetlabs-release-precise.deb
```

```
$ sudo dpkg -i puppetlabs-release-precise.deb
```

```
$ sudo apt-get install gcc g++ make libpcre3-dev libssl-dev tmux emacs libncurses5-
dev libreadline-dev libffi-dev libyaml-dev valgrind git-core libxml2-dev libxslt-dev
ntp sqlite3 libsqlite3-dev
```

Este comando, se utiliza para instalar paquetes "deb", como el que se descargó previamente.

Este comando, se utiliza para instalar una serie de paquetes y dependencias que se usaran posteriormente para el framework ONOS.

## 2.8. Instalación Git Core

Para instalar Git Core, procederemos a escribir el siguiente comando:

```
$ sudo apt-get install git-core
```

Este comando se utiliza para instalar el sistema de control de versiones git en el sistema operativo.

## 2.9. Instalación Net Tools

Para instalar Net Tools, procederemos a escribir el siguiente comando:

```
$ sudo apt-get install net-tools
```

Este comando, se utiliza para instalar el paquete "net-tools", el cual incluye un conjunto de herramientas de línea de comandos relacionadas con la administración y diagnóstico de redes

## 2.10. Instalación Mininet

Como vimos previamente, Mininet es un emulador de red y una herramienta de aprendizaje de topología de red. Esta herramienta es muy popular para la investigación y la educación en redes definidas por software (SDN). Mininet se puede usar para crear redes virtuales que se pueden usar para probar y experimentar con protocolos y aplicaciones SDN.

Antes de instalar Mininet, ejecutaremos el siguiente comando:

```
$ sudo apt-get update
```

Este comando se usa para actualizar la lista de paquetes disponibles en los repositorios configurados en el sistema.

```
$ sudo apt-get upgrade
```

Este comando se usa para actualizar los paquetes de software instalados en el sistema a las versiones más recientes disponibles en los repositorios configurados.

Este comando, se utiliza para realizar una actualización del sistema más completa

```
$ sudo apt-get dist-upgrade
```

en comparación del comando usual, ya que este no solo actualiza, si no que elimina

```
$ sudo apt-get install git
```

y resuelve problemas relacionados con el conflicto de dependencias.

Este comando se utiliza para actualizar e instalar el sistema de control de versiones git.

```
$ git clone https://github.com/mininet/mininet
```

Este comando, se utiliza para clonar el repositorio Git desde una ubicación remota, este comando clonara el repositorio de Mininet a nuestro sistema local.

```
$ cd mininet
```

Este comando, generalmente se usa para movernos entre carpetas, en esta línea, estamos pidiéndole al sistema que nos mueva a la carpeta **"mininet"**.

```
$ git tag
```

Este comando muestra una lista de todas las etiquetas existentes en el repositorio.

```
$ git checkout -b 2.2.2
```

Este comando, nos permite cambiar a una de las etiquetas existentes en el repositorio, en este caso nos cambiará a la etiqueta **"2.2.2"**

```
$ apt install mininet
```

Este comando, nos permite instalar mininet en la etiqueta seleccionada del repositorio

```
$ sudo mn
```

Este comando, nos permite acceder al entorno de mininet y probar si se instaló correctamente.

## 2.11. Instalación ONOS

Para instalar ONOS, procedemos a escribir el siguiente comando:

```
$ wget https://repo1.maven.org/maven2/org/onosproject/onos-releases/2.5.0/onos-2.5.0.tar.gz
```

Este comando, se usa para descargar el archivo que nos indica la ruta.

```
$ tar xvzf onos-2.5.0.tar.gz
```

Este comando, se utiliza para descomprimir y extraer el archivo empaquetado que se descargó previamente en formato "tar.gz"

```
$ cd onos-2.5.0
```

Este comando, generalmente se usa para movernos entre carpetas, en esta línea, estamos pidiéndole al sistema que nos mueva a la carpeta **"onos-2.5.0"**

```
$ cd bin
```

Este comando, generalmente se usa para movernos entre carpetas, en esta línea, estamos pidiéndole al sistema que nos mueva a la carpeta **"bin"**.

```
$ ./onos-user-password sdn 12345
```

Este comando lo usaremos para establecer un usuario y contraseña al entorno de ONOS, el cual el usuario va a ser **"sdn"** y la contraseña **"12345"**

```
$ ./onos-service start
```

Este comando sirve para iniciar el sistema ONOS.

```
$ localhost:8181/onos/ui/index.html
```

Esta ruta la usaremos para acceder al entorno web de ONOS, en el cual una vez dentro nos pedirá usuario y contraseña.

CAPÍTULO **3**

# Ejecución de Aplicación

## 3.1. Preparando nuestro entorno

Para la aplicación de este laboratorio, se ha preparado un entorno que les brinda los implementos necesarios por el cual se pueda trabajar de la mejor forma, las instalaciones que se hicieron anteriormente, fue con el fin de que pudieran ustedes trabajar por sí solos con esta herramienta, ya que tiene una gran cantidad de utilidades a la hora de usarse. Ahora para proceder con esta aplicación empezaremos descargando el entorno preconfigurado pulsando a continuación:

- Enlace ONOS.

Una vez descargado el OVA, procederemos a dirigirnos a nuestra máquina virtual y nos dirigiremos a la pestaña **"Archivo"**.

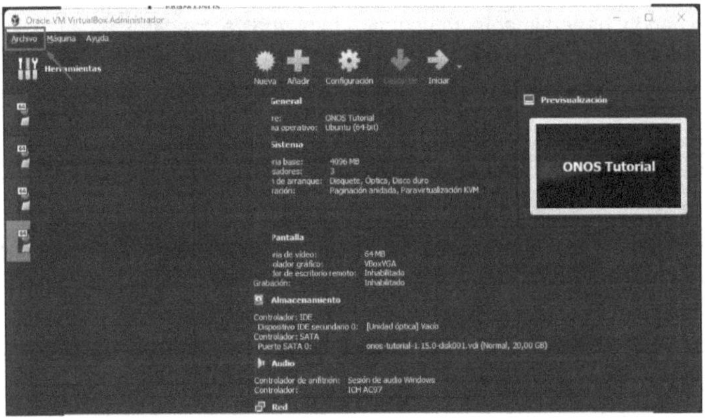


*Figura 14. VM – Archivos.*

Una vez, estemos en la sección, procederemos a pulsar el botón que tiene por nombre **"Importar Servicio Virtualizado"**, lo cual nos dirigirá a la siguiente ventana:

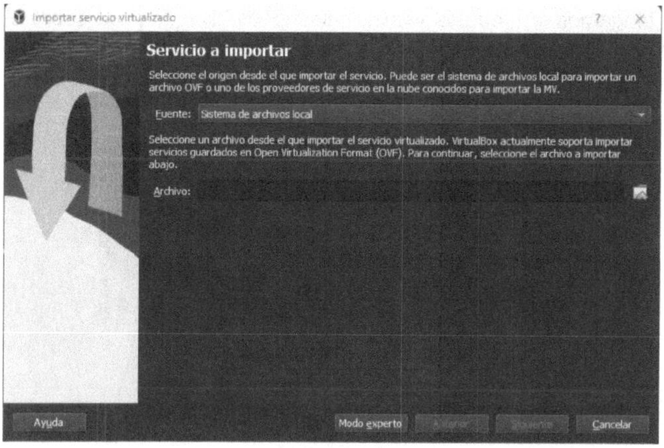


*Figura 15. VM – Importar Archivo.*

Una vez dentro procederemos a buscar el archivo que descargamos anteriormente y procederemos a darle en **"Siguiente"** a todo y luego en **"Terminar"**, a lo cual después de esto se empezará a importar el **"OVA"** y terminará quedándose una nueva máquina virtual, que tendrá por nombre **"ONOS TUTORIAL"**:

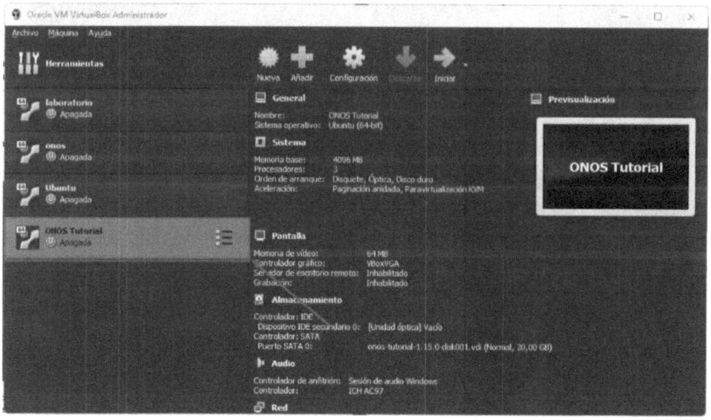


*Figura 16. VM – Información.*

Una vez tengamos la máquina virtual, pulsaremos click derecho sobre ella y nos dirigiremos a el apartado de "**Configuración**" o pulsamos el atajo de teclado "**Control + S**".

*Figura 17. VM - Configuración.*

Una vez pulsado el botón, se nos procederá a abrir la siguiente ventana:

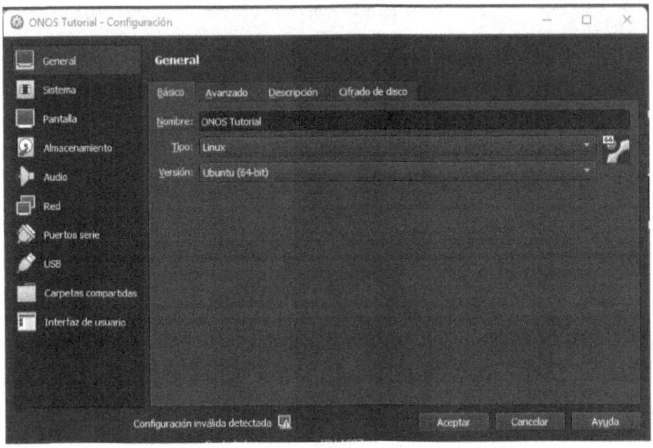


*Figura 18. ONOS – Configuración General.*

Dentro de esta ventana, nos dirigiremos al apartado de "**Red**" y dentro de ese apartado a la ventanilla de "**Adaptador 2**", como se muestra a continuación:

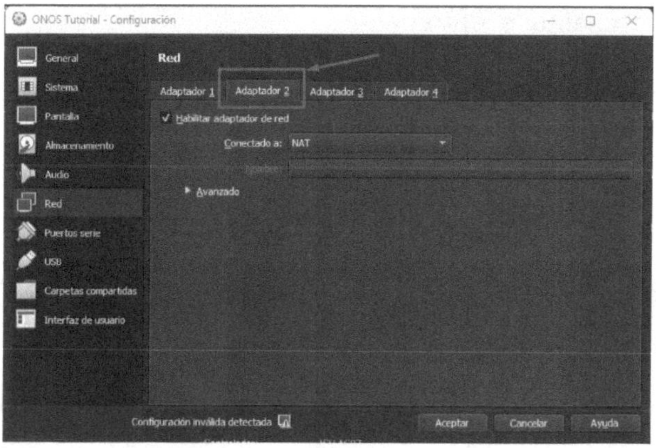


*Figura 19. ONOS – Configuración Adaptador.*

Dentro del **"Adaptador 2"**, cambiaremos la opción de conexión de **"NAT"** a **"Adaptador Puente"** y posteriormente le daremos en aceptar, como pueden ver a continuación:

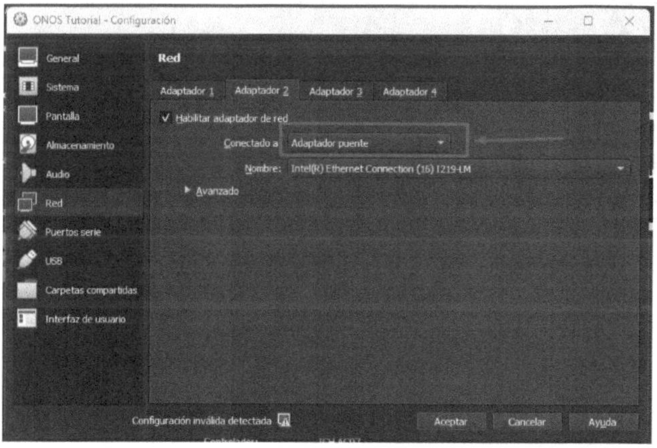


*Figura 20. ONOS – Configurar Adaptador Puente.*

Ahora, una vez hecho esta configuración, procederemos a abrir la máquina virtual.

## 3.2. Aprendiendo el entorno

Al iniciar la máquina virtual, nos encontraremos con que se nos pedirá ingresar una contraseña para acceder a la máquina como es de costumbre, dado que este entorno ya está configurado, también viene con una contraseña configurada la cual es "**rocks**".

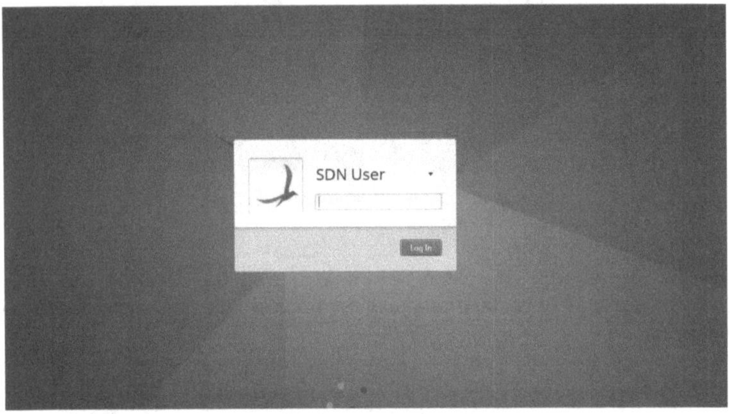


*Figura 21. ONOS – SDN User.*

Al ingresar la contraseña, nos dirigirá al escritorio donde nos encontraremos con varias apps y archivos para efectuar el laboratorio, como visualizaremos a continuación:

*Figura 22. ONOS – Escritorio.*

Dentro de este entorno, encontraremos que se nos señala los subsistemas con los que iremos a trabajar, esto con el fin de que sepan dónde va cada comando, es decir si se nos muestra a continuación que haremos un "**ping all**", antes de el, se mostrará a qué subsistema se estará haciendo el "**ping all**", por ejemplo:

```
Mininet> ping all
```

Estamos indicando que el "**ping all**" se hará en el subsistema de "**Mininet**". Ahora, ya habiendo dejado claro este concepto, procederemos a continuar con el laboratorio.

Para esto, procederemos a dar clic en el icono "**Setup ONOS Cluster**", en el escritorio.

*Figura 23. ONOS – Icono Setup ONOS Cluster.*

Después de pulsar el icono de "**Setup ONOS Cluster**", se nos procederé a abrir una ventana que nos pedirá que esperemos mientras se configura el cluster de ONOS:

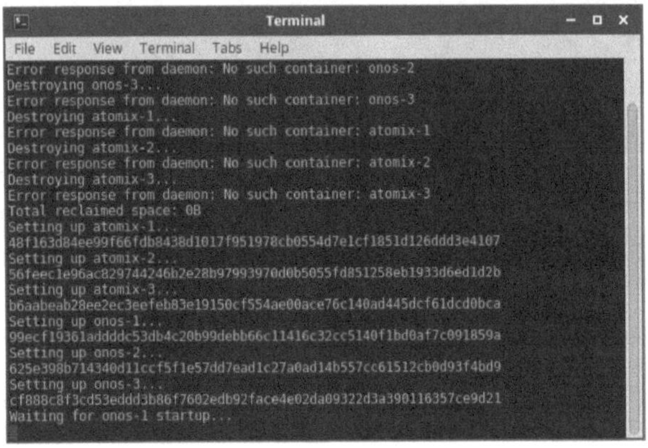


*Figura 24. ONOS – Terminal ONOS Cluster.*

Después de finalizar la configuración, nos arrojara lo siguiente:

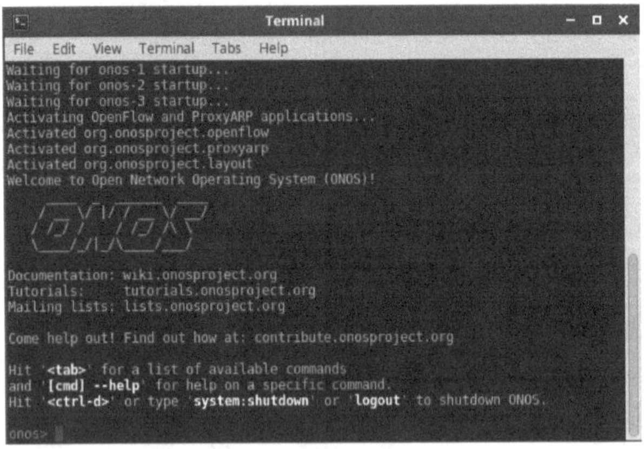


*Figura 25. ONOS – Terminal 2 ONOS Cluster.*

Ahora, dentro del entorno encontraremos también una "**GUI**", basada en la web, que en instalaciones pasadas conocimos de ONOS, para abrir esta "**GUI**", simplemente nos dirigimos al icono del escritorio llamado "**ONOS GUI**":

*Figura 26. ONOS – Icono GUI.*

Una vez pulsado el icono, se nos desplegará el navegador con la web de ONOS, en donde nos pedirá un usuario y contraseña para entrar, en este caso el usuario será "**onos**" y la contraseña "**rocks**", como podemos observar.

*Figura 27. ONOS – API Web Login.*

Una vez ingresada las credenciales, nos mandara al apartado grafico de ONOS, como podemos ver a continuación:

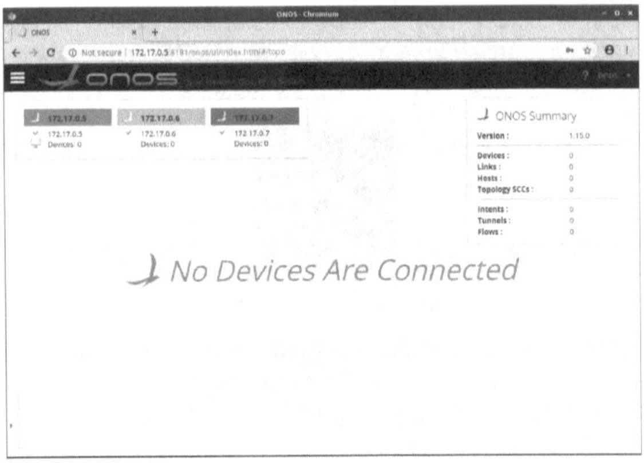


*Figura 28. ONOS – API Web Dashboard.*

Dentro de esta interfaz gráfica podemos encontrar múltiples funciones que nos ayudará en el uso de esta herramienta que se usarán en el transcurso del laboratorio, como veremos a continuación:

- **QUICK HELP**

  En cualquier momento, puede abrir la hoja de referencia de la GUI presionando la tecla "***Barra diagonal***" ( */* ) y obtendrá un panel superpuesto que se ve a continuación. Puede descartar esto presionando la tecla "**Esc**". Cada vista, no solo la vista de topología proporciona una superposición *de* ***"Ayuda rápida"*** similar.

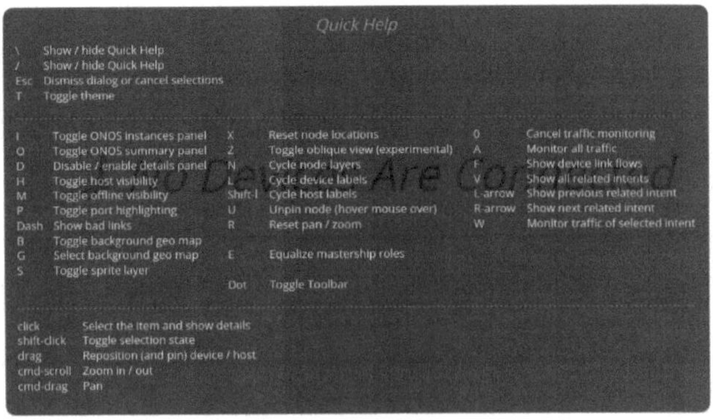


*Figura 29. ONOS – Quick Help.*

- **OVERVIEW PANE**

La *vista de topología* de la GUI viene con un panel de descripción general muy útil. Le muestra un resumen sobre la red, como la versión de ONOS, la cantidad de dispositivos, enlaces, hosts, etc. Puede activar o desactivar el panel de descripción general usando la tecla "**O**".

*Figura 30. ONOS – OverViewPane.*

- **DETAILS PANE**

Cuando hace *clic con el **"botón izquierdo"*** en un elemento de la topología, como un conmutador, un host o un enlace, aparece otro panel en el lado derecho debajo del panel ***"Descripción general"***. Este panel proporciona detalles adicionales sobre los elementos seleccionados. Su visualización se puede activar o desactivar utilizando la tecla "**D**".

*Figura 31. ONOS – Details Pane.*

Tenga en cuenta que los botones de acción en la parte inferior del panel *"**Detalles**"* se pueden usar para saltar a diferentes vistas de la GUI de ONOS para obtener contexto adicional. Así que seleccione varios elementos, mantenga presionada la tecla "**Mayús**" mientras hace "**clic izquierdo**". Para anular la selección de un elemento, mantenga presionada ***"Mayús"*** y ***"clic izquierdo"*** en él para desactivar la selección. También puede hacer "**clic izquierdo**" en cualquier parte de la parte en blanco de la "***Vista topológica***" para anular la selección de todos los elementos.

- **INSTANCES PANE**

La GUI tiene la capacidad de mostrar qué instancias de ONOS están activas. Al presionar la tecla "i" (se abrirá de forma predeterminada), verá aparecer un panel en el lado izquierdo como se muestra a continuación.

*Figura 32. ONOS – Instances Pane.*

Podemos observar que los glifos de los interruptores cambian de color, esto indica qué interruptores están controlados por cada instancia. Esto es útil para ver de un vistazo qué interruptores están controlados por cada instancia de ONOS. El glifo de terminal indica a qué instancia está conectada actualmente la GUI y el glifo de marca de verificación indica que la instancia está en estado listo, lo que significa que funciona completamente como parte del clúster.

- **TOOLBAR PANE**

Si bien muchas de las funciones de la Vista topológica se pueden operar utilizando únicamente las teclas del teclado, se proporciona un panel de barra de herramientas para que sea visualmente más fácil identificar todas las acciones posibles. La barra de herramientas está ubicada en la esquina inferior izquierda de la vista y está oculta de forma predeterminada. Puede activar o desactivar su visualización usando la tecla ***"Punto"*** ( . ).

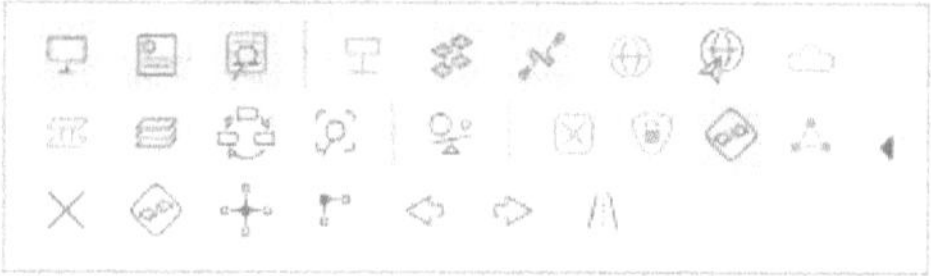

*Figura 33. ONOS – ToolbarPane.*

Ahora bien, después de haber explicado las funcionalidades de ONOS, podemos empezar a hacer uso de su interfaz, para esto, haremos clic en el icono **"Spine Leaf Topology"** en el escritorio.

*Figura 34. ONOS – Icono Spine Leaf Topology.*

Luego de haber dado clic en el icono, se les abrirá una ventana en la cual tendrán que esperar a que cargue, después de que haya cargado completamente, les aparecerá lo siguiente:

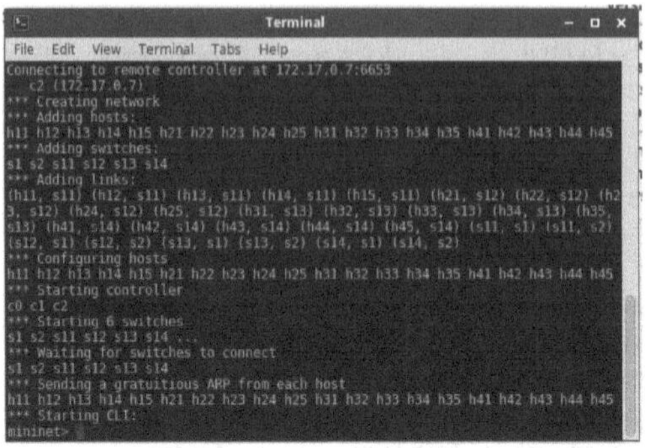


*Figura 35. ONOS – Terminal.*

Posteriormente a esto, regresaremos a la interfaz visual de ONOS, en donde veremos que ha aparecido una topología, esta topología fue la que se cargó al ejecutar el icono anterior, debería que aparecerles algo similar a lo que se verá a continuación:

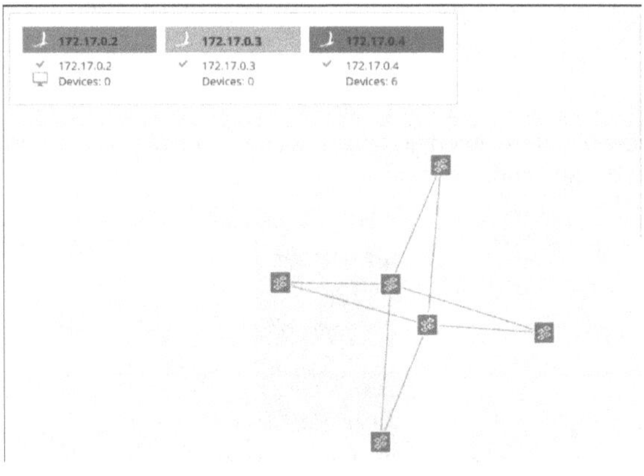


*Figura 36. ONOS – Topología de Estrella.*

Ahora, procedemos a presionar la tecla "L", lo cual nos alternara entre etiquetas amigables, identificadoras de dispositivo y sin etiqueta como se muestra a continuación:

Ahora bien, también tenemos la opción para alternar entre mostrar y ocultar hosts, para esto presionamos la tecla "**H**" y nos mostrará lo siguiente después de presionarla:

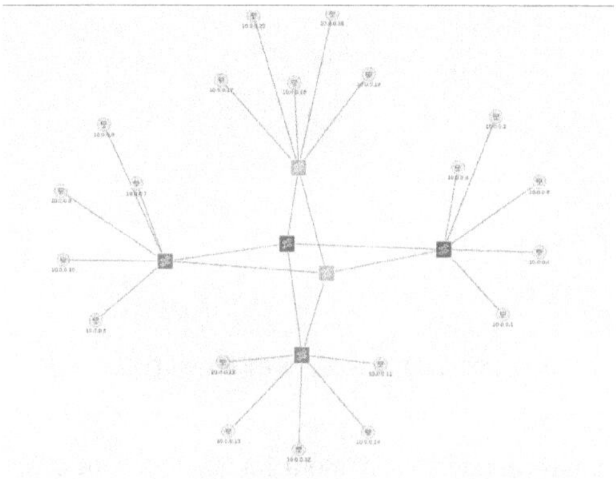

*Figura 37. ONOS – Topología Estrella Host.*

Ahora, como podemos observar, podemos ver los hosts de cada nodo, si se vuelve a presionar la tecla "**H**", estos se volverán a ocultar, ahora bien, también podemos presionar la tecla "**L**" y podremos ver una información más detallada:

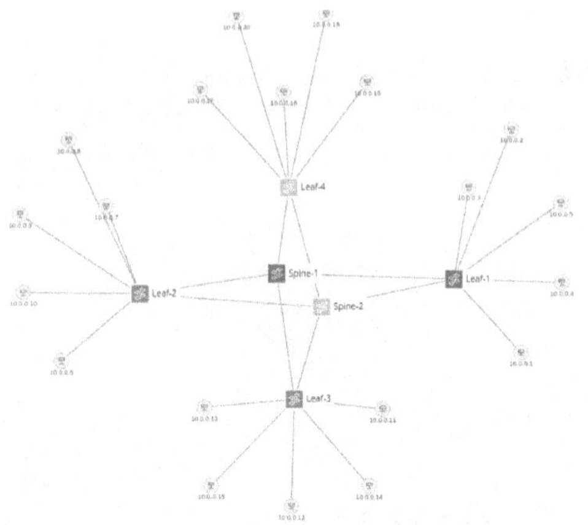


*Figura 38. ONOS – Topología Estrella Host y Nodos.*

Ahora, podemos observar que en la primera imagen todos los conmutadores son de color rojos, esto se debe a que el tercer nodo tiene el control maestro de los conmutadores, esto hace que el resto de los dispositivos no tengan dispositivos al cuales otorgarle el control maestro, ONOS, permite al usuario forzar un equilibrio y que los conmutadores se puedan repartir entre los múltiples dispositivos, para esto basta con presionar la tecla **"E"**, una vez presionada esta tecla podremos ver como se obtienen diferentes colores para los conmutadores y podemos reflejar en el apartado de **"INSTANCE PANE"**, una distribución de dos conmutadores para cada dispositivo.

## 3.3. Aplicativo

Ahora, ya que estamos familiarizados con el todo el entorno y sus funciones, empezamos haciendo un ejercicio, en donde usaremos una aplicación de muestra llamada **"Reactive Forwarding",** esta se envía con ONOS y es una aplicación sencilla que instala flujos en respuesta a cada paquete perdido que llega al controlador.

Primero abriremos el archivo llamado **"ONOS CLI"**, en el escritorio, el cual nos abrirá la consola de ONOS CLI.

*Figura 39. ONOS – Icono ONOS CLI.*

Una vez abierto, nos desplegara la siguiente ventana:

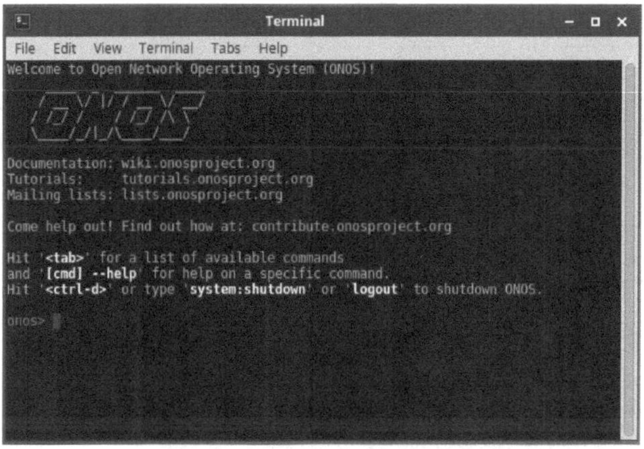


*Figura 40. ONOS – Terminal CLI.*

Ahora, ya abierta y desplegada la ventana, nos dirigiremos a la ventana de mininet, la que se abrió anteriormente cuando hicimos clic en el archivo de **"Spine Leaf Topology"** y procedemos a escribir lo siguiente:

```
Mininet> h11 ping -c3 h41
```

Este comando, nos sirve para hacer ping entre dos terminales la **"h11"** y la **"h41"**, al hacerlo, nos arroja lo siguiente:

4.

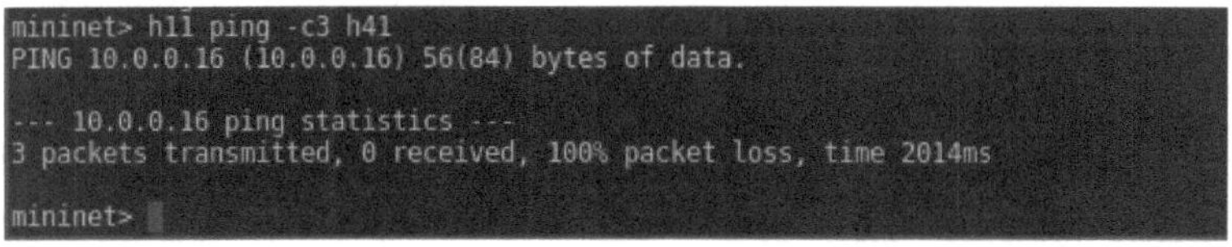


*Figura 41. Terminal – Mininet.*

Como podemos observar, se nos dice que se transmitieron 3 paquetes, de los cuales no se recibió ninguno, dando como resultado que se pierda la totalidad de ellos, pero ¿Por qué ocurrió este fallo? Es sencillo, esto se debe a que no hay flujos instalados en el plano de datos que reenvían el tráfico de manera adecuada, a pesar de que ONOS, venga con una aplicación por defecto que se encarga de instalar estos flujos, esta aplicación no viene activada por defecto, para activarla, se tendrá que hacer lo siguiente:

En el apartado de ONOS, escribiremos lo siguiente:

```
onos> apps activate org.onosproject.fwd
```

Este comando nos arroja el siguiente resultado:

*Figura 42. ONOS – CLI Activate.*

Aquí, ya se nos está indicando que el comando, activo satisfactoriamente la aplicación de flujos en el sistema, existe otra forma de comprobar si de verdad está

```
onos> apps -a -s
```

activa, para esto escribiremos lo siguiente:

Una vez escrito, nos arroja lo siguiente:

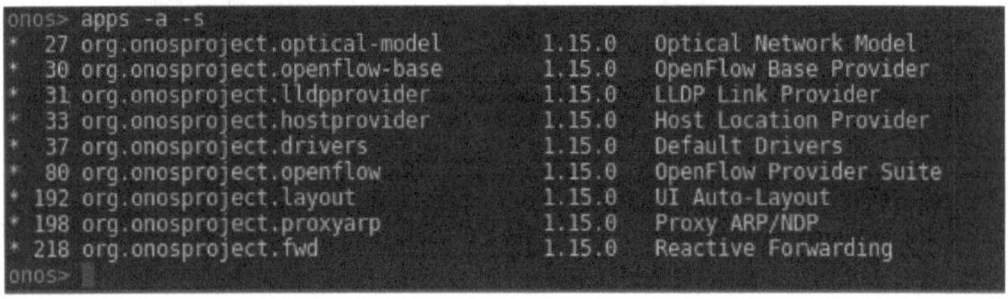


*Figura 43. ONOS – CLI Flujo de Sistema.*

Como podemos observar se nos muestra una lista de dependencias que podemos encontrar en el sistema de ONOS, todas estas son aquellas dependencias que

```
onos> apps -s
```

están activadas actualmente dentro del sistema ONOS. También podemos ver la lista completa de dependencias activadas o no, escribiendo el siguiente comando:

Con este comando podremos ver la lista completa de dependencias dentro del sistema.

Ahora, después de haber hecho esto, procedemos a intentar mandar el ping nuevamente desde la ventana de mininet, escribiendo el mismo comando anterior.

```
Mininet> h11 ping -c3 h41
```

Nos arroja el siguiente resultado:

```
mininet> h11 ping -c3 h41
PING 10.0.0.16 (10.0.0.16) 56(84) bytes of data.
64 bytes from 10.0.0.16: icmp_seq=1 ttl=64 time=470 ms
64 bytes from 10.0.0.16: icmp_seq=2 ttl=64 time=0.214 ms
64 bytes from 10.0.0.16: icmp_seq=3 ttl=64 time=0.063 ms

--- 10.0.0.16 ping statistics ---
3 packets transmitted, 3 received, 0% packet loss, time 2003ms
rtt min/avg/max/mdev = 0.063/156.932/470.519/221.739 ms
```

*Figura 44. Terminal – Mininet ping.*

Como podemos observar, se puede ver ya un flujo en el ping, con todos los paquetes recibidos y ninguno perdido en el proceso, y el tiempo (ms), que duró cada ping.

## 3.4. Actividad Aplicativa 1

Ya hemos visto cómo hacer un ping entre dos terminales y como este nos arroja un resultado, pero este para motivos de aprendizaje está limitado a "**3 ping**", su trabajo consistirá en lo siguiente:

1. Hacer un ping que refleje varios envíos consecutivos sin pausa alguna.
2. Mientras tenga el ping activado, averigüe cómo se puede desactivar la dependencia de flujo que anteriormente activamos (*org.onosproject.fwd*) y luego volverla a activar y mostrar que sucede con el ping cuando se hace esto.

## 3.5. Identificando y Manipulando Dispositivos

ONOS, tiene muchos comandos CLI, el cual iremos explicando cuales son y cómo les puede ayudar a identificar las redes que están manipulando, esto es muy útil ya que facilita la organización, el mantenimiento y la optimización de ellas.

En la anterior sección pudimos ver cómo funciona ONOS con una tipología de red pequeña y como se puede hacer envíos de paquetes con ellas, también las dependencias que utilizan y cómo estas funcionan para las mismas, en esta sección

```
onos> devices
```

veremos cómo los comandos que sirven para identificar y manipular este entorno, para eso empezaremos con el siguiente comando:

Una vez escrito este comando, nos devolverá lo siguiente:

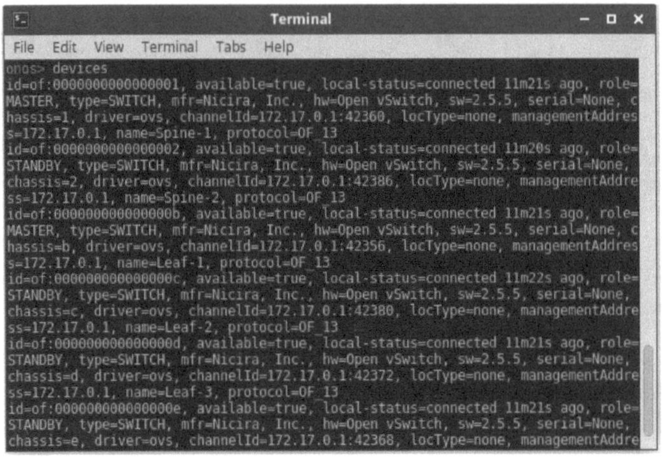


*Figura 45. ONOS – Terminal Device.*

Esta información que podemos ver aquí consiste en la enumeración e identificación de cada dispositivo que tenemos dentro de la tipología que estamos trabajando. Cada una de estas identificaciones también cuenta con un valor booleano que nos indica si está o no actualmente activo, también arroja el tipo de dispositivo y su relación de rol con esta instancia de ONOS y otros atributos asociados a la misma.

También podemos observar de manera similar los enlaces detectados por ONOS, para eso, escribiremos el siguiente comando:

```
onos> links
```

Una vez escrito, veremos lo siguiente:

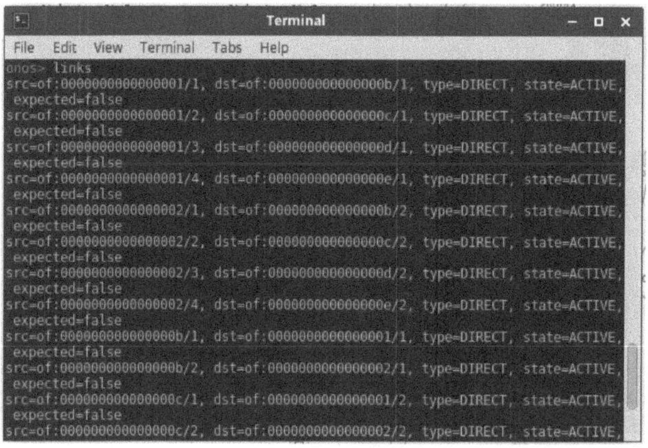


*Figura 46. ONOS – Terminal Links.*

Este resultado, nos muestra las listas de enlaces descubiertos, estos enlaces están formateados por par de puerto-dispositivo de origen al par de puerto-dispositivo de destino. Podemos observar que se nos indica un "**type**" y un "**state**", esto nos indica si el enlace es una conexión directo entre dos dispositivos o no y si está activado.

También podemos hacer lo mismo con los servidores, para esto escribimos el siguiente comando:

```
onos> hosts
```

Una vez escrito, nos mostrara lo siguiente:

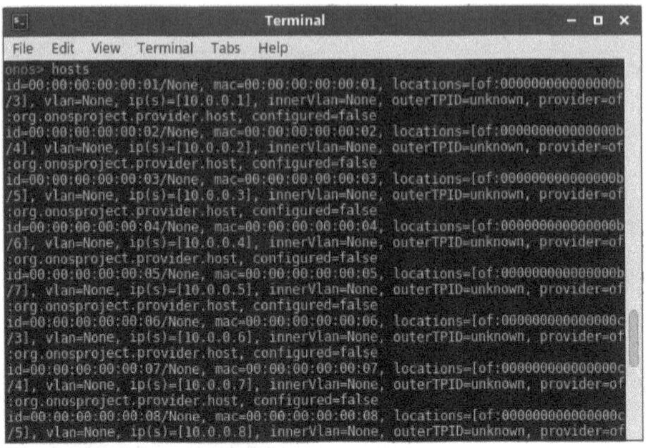


*Figura 47. ONOS – Terminal Hosts.*

Aquí se nos muestra la identificación de cada host, así como su dirección MAC y en que parte de la red está conectado.

En ONOS, también existe una forma de observar los flujos de entradas que el sistema registra, estas pueden variar en diferentes estados, los cuales son los siguientes:

- **PENDING_ADD:** En este estado, el flujo se envió y se reenvió al conmutador
- **ADDED:** En este estado, el flujo se ha agregado al interruptor
- **PENDING_REMOVE:** En este estado, la solicitud para eliminar el flujo se envió y se reenvió al conmutador.
- **REMOVED:** En este estado, la regla ha sido eliminada

Ahora, iniciemos el tráfico aplicando un ping all o un ping de envíos consecutivos en la ventana de **"Mininet"** (Se hará el ping de h11 a h41) y posteriormente nos vamos a la pestaña de **"ONOS"** y escribimos el siguiente comando:

```
onos> flows
```

Una vez escrito, mostrará el siguiente resultado:

escrito, mostrará el siguiente resultado:

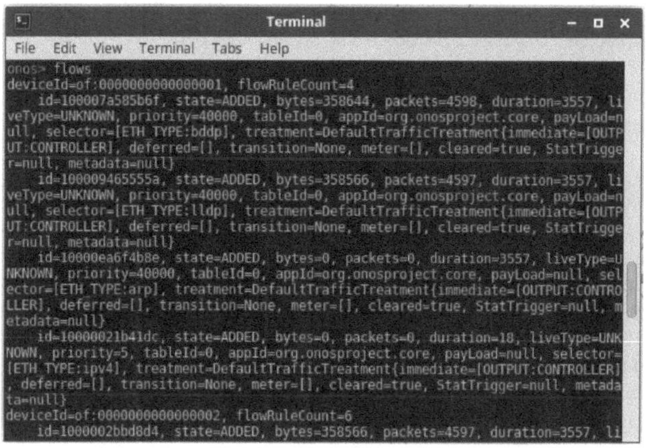


*Figura 48. ONOS – Terminal Flows.*

Podemos observar que se nos suministra un margen de detalles bastante grande sobre los flujos en los interruptores, cada entrada de flujo define un selector tratamiento, que es el conjunto de tráfico que coincide con la entrada de flujo y cómo se debe manejar este tráfico. Tenga en cuenta también que cada entrada de flujo está etiquetada con un appId (id de aplicación), este appId identifica qué aplicación instaló esta entrada de flujo. Esta es una característica útil porque puede ayudar a un administrador a identificar qué aplicación puede estar funcionando mal o consumiendo muchos recursos.

Ahora, ONOS también nos brinda un comando que es muy bueno para visualizar las rutas, es más él mismo ONOS, nos calcula todos los caminos más cortos entre dos nodos cualquiera, esto es muy útil, ya que puede sacarse bastante uso dependiendo de la situación, para esto escribimos el siguiente comando.

```
onos> paths <TAB> (presionamos la Tecla TAB)
```

Nos mostrara lo siguiente:

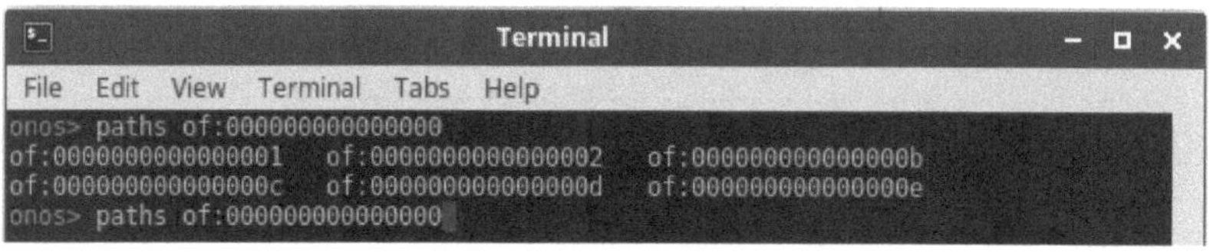


*Figura 49. ONOS – Terminal Rutas.*

Como podemos ver, se nos enumeran las opciones de dispositivo de red para nosotros, lo que nos facilita la búsqueda del dispositivo que queramos.

## 3.6. Intent

Intent Framework es un subsistema que permite a las aplicaciones especificar sus deseos de control de red en forma de política en lugar de mecanismo. Nos referimos a estas directivas basadas en políticas como ***intenciones***. El núcleo de ONOS acepta las especificaciones de intención y las traduce, mediante *la compilación de intenciones*, en intenciones instalables, que son esencialmente operaciones procesables en el entorno de red. Estas acciones se llevan a cabo mediante un proceso de instalación intencional, lo que da como resultado algunos cambios en el entorno, como el aprovisionamiento de enlaces de túnel, la instalación de reglas de flujo en un conmutador o la reserva de lambdas (longitudes de onda) ópticas.

Aunque el núcleo de ONOS proporciona un conjunto de intents integrados y sus compiladores e instaladores, el marco de intents está diseñado para ser extensible. Permite agregar intenciones adicionales y sus compiladores o instaladores a ONOS dinámicamente en tiempo de ejecución. Esto permite a otros mejorar el arsenal inicial de conectividad e intenciones basadas en políticas disponibles en ONOS de forma predeterminada.

ONOS, nos permite ver que intents están almacenados en el sistema y estos pueden varios de estados que son los siguientes:

- **SUBMITTED:** En este estado, la intención se envió y se procesa pronto.
- **COMPILING:** En este estado, la intención se está compilando.
- **INSTALLING:** En este estado, la intención está en proceso de instalación.
- **INSTALLED:** En este estado, el intent ha sido instalado.
- **RECOMPILING**: En este estado, la intención se vuelve a compilar después de un error.
- **WITHDRAWING**: En este estado, se retira la intención.
- **WITHDRAWN:** En este estado, la intención ha sido eliminada.
- **FAILED:** En este estado, la intención se encuentra en un estado fallido porque no se puede cumplir.

Hagamos uso de este, para eso, vamos a escribir el siguiente comando:

```
onos> intents
```

Nos arrojara lo siguiente:

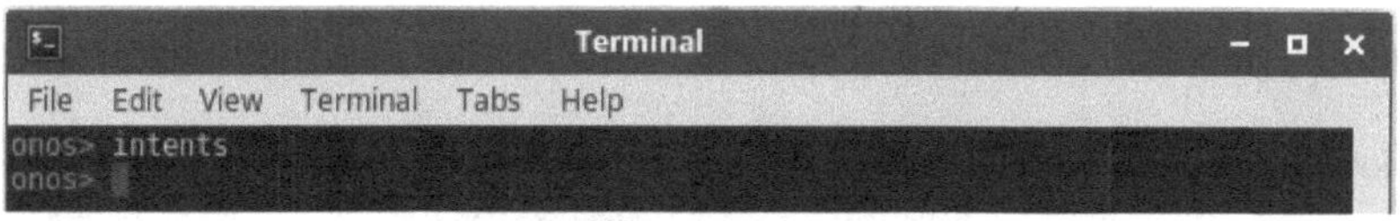


*Figura 50. ONOS – Terminal Intents.*

Vemos, que simplemente nos arroja una línea sin respuesta alguna, bueno, esto es normal ya que para nosotros poder visualizar los "**intents**" como explicamos anteriormente, estos tienen que agregarse. Para agregar un intent, haremos lo siguiente:

Desactivamos la aplicación "**Reactive Forwarding**" (*org.onosproject.fwd*).

Ahora, agregaremos una intención (intents) de conectividad entre hosts, usando el siguiente comando:

```
onos> add-host-intent 00:00:00:00:00:01/None 00:00:00:00:00:10/None
```

Les arrojara el siguiente resultado:

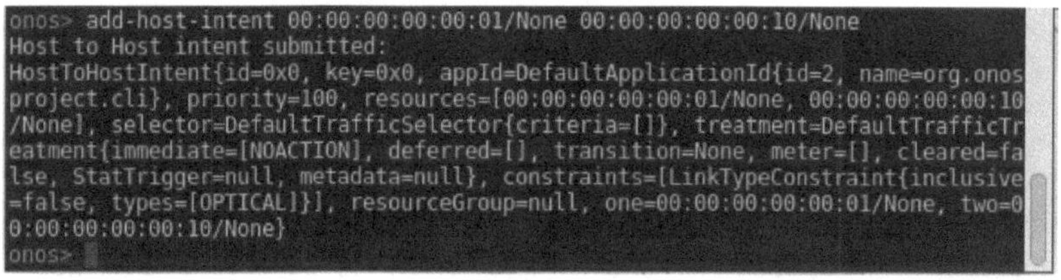


*Figura 51. ONOS – Terminal Agregar Intents.*

Este comando proporcionará una ruta entre 10.0.0.1 (h11) y 10.0.0.16 (h41), ya habiendo colocado el "**intent**", procedemos a escribir nuevamente el comando

```
onos> intents
```

anterior:

Nos mostrará lo siguiente:

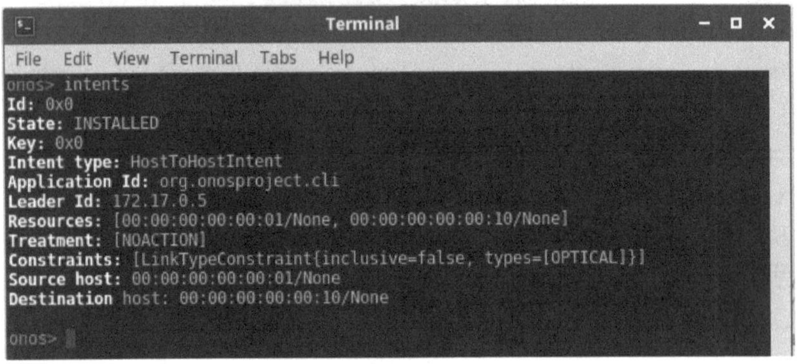


*Figura 52. ONOS – Terminal Mostrar Intents.*

Como podemos observar, ya nos muestra las intenciones (intents) que tenemos agregados en nuestro sistema, ahora, una cosa curiosa es que a pesar de que desactivamos la dependencia **"Reactive Forwarding"**, si vamos al apartado de "**Mininet**", observaremos que el ping ejecutado sigue funcionando entre los dos hosts, una cosa que sería muy poco probable si tuviéramos la dependencia desactivada como observamos en casos anteriores.

Ahora que tenemos todo instalado y listo, observemos que ruta está usando el

```
onos> flows -s
```

comando flows.

Nos tendrá que mostrar lo siguiente:

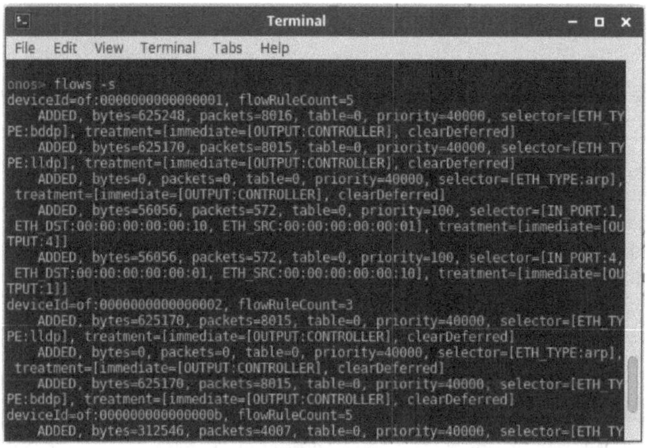


*Figura 53. ONOS – Terminal Mostrar Flows.*

Podemos ver el flujo de tráfico entre los dpid, cabe aclarar que puede que los resultados entre lo que se muestra aquí y se les muestra a ustedes, puede variar ligeramente ya que ONOS, se adapta de acuerdo de los requerimientos para cada sistema.

Por último, podemos visualizar la intención usando la GUI de ONOS, seleccionado el nodo "**leaf-1**" en la GUI y presionando la tecla "**V**", para mostrar las rutas proporcionadas por las intenciones que pasan a través del nodo seleccionado.

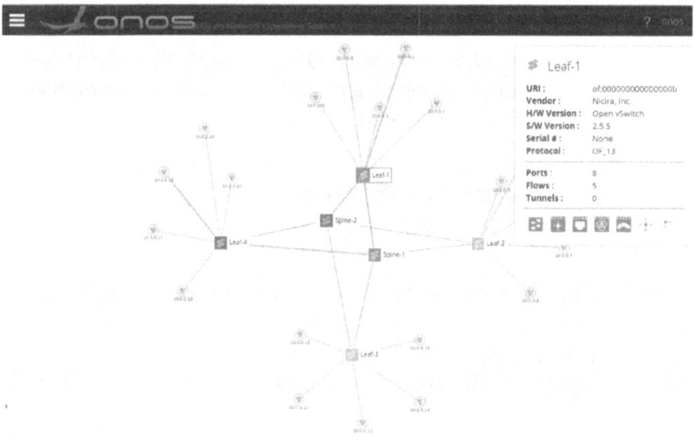


*Figura 54. ONOS – Flujo de Tráfico.*

## 3.7. Actividad Aplicativa 2

Ahora que conocemos como crear un **"intent"**, es hora de aplicar lo aprendido, para esto es necesario que haga lo siguiente:

- Haga un ping all entre dos terminales como se ha visto anteriormente en los ejemplos.
- Desactivamos la aplicación ***"Reactive Forwarding".***
- Crearemos un **"intent"** siguiendo la línea de comando aprendida anteriormente, para esto es importante identificar el host de los **"h"** a donde está mandando el ping all.
- Anexe imágenes de los pasos y comente los resultados esperados.

**Nota 1.** Recuerde dejar el ping all en funcionamiento en el transcurso de la actividad.

**Nota 2.** Para identificar los host de los **"h"** a donde manda el ping es importante identificar que tenemos varias IP, cada IP corresponde a un **"h"**, un ejemplo de esto es que **"h11"** su IP es **"10.0.0.1",** siguiendo esta lógica, las primeras 5 IP, corresponden a los primeros 5 **"h10"**, las 5 IP que vienen posteriormente a la anteriores corresponden a las 5 **"h20"** y así consecutivamente, para mirar la IP de cada host correspondiente escribimos en el **"ONOS CLI"** el comando **"hosts"**, como se ha explicado anteriormente.

## 3.8. Actividad Aplicativa 3

Ahora que ya hemos aprendido a manejar ONOS y sus funcionalidades bajo una topología pequeña, es momento de aplicar los conocimientos anteriores bajo una topología más grande, para esta actividad se hará lo siguiente:

- Ejecutaremos el archivo llamado ***"SETUP ONOS CLÚSTER".***
- Ejecutaremos el archivo llamado **"Geant Topology".**
- Replicaremos los comandos aprendidos en el laboratorio y anexe los resultados.

**Nota.** En caso de que presente problemas con la topología y no se le ejecute como es debido o presenta bugs, es recomendable que elimine el **"OVA"** y vuelva a importarlo, para que se pueda ejecutar de la mejor forma en el entorno limpio, al ser un sistema experimental y muy nuevo, puede presentar algunos problemas.

## 4. Referencias


Paphitis, A., Kourtellis, N., & Sirivianos, M. (2023, August). Graph analysis of blockchain p2p overlays and their security implications. In International Symposium on Security and Privacy in Social Networks and Big Data (pp. 167-186). Singapore: Springer Nature Singapore.

Trestioreanu, L., Shbair, W. M., de Cristo, F. S., & State, R. (2023, May). XRP-NDN overlay: Improving the Communication Efficiency of Consensus-Validation based Blockchains with an NDN Overlay. In NOMS 2023-2023 IEEE/IFIP Network Operations and Management Symposium (pp. 1-5). IEEE.

Yang, H., Pan, H., & Ma, L. (2023). A review on software defined content delivery network: a novel combination of CDN and SDN. IEEE Access.

Jain, P., Kumar, S., Wooders, S., Patil, S. G., Gonzalez, J. E., & Stoica, I. (2023). Skyplane: Optimizing Transfer Cost and Throughput Using {Cloud-Aware} Overlays. In 20th USENIX Symposium on Networked Systems Design and Implementation (NSDI 23) (pp. 1375-1389).

Cao, P. L., Cao, H. Y., Cao, J. E., Wen, C. D., Chen, B. Y., & Yao, S. S. (2023). Performance of large-diameter pneumatic down-the-hole (DTH) hammers: A focus on influences of the hammer structure. Petroleum Science.

Mo, L., Mo, M., Liang, D., Yang, C., & Lin, W. (2023). Simultaneous detection and imaging of two specific miRNAs using DNA tetrahedron-based catalytic hairpin assembly. Talanta, 124871.

Zarin, N. (2023). Towards sovereign domains P2P overlays in blockchain systems.

Arora, A., Karra, R., Levin, D., & Garman, C. (2023, May). Provably Avoiding Geographic Regions for Tor's Onion Services. In International Conference on Financial Cryptography and Data Security (pp. 289-305). Cham: Springer Nature Switzerland.

Kim, J. H., Kim, M., Park, M., & Yoo, J. (2023). Immersive interactive technologies and virtual shopping experiences: Differences in consumer perceptions between augmented reality (AR) and virtual reality (VR). Telematics and Informatics, 77, 101936.

FSC
www.fsc.org
MIX
Papier | Fördert
gute Waldnutzung
FSC® C083411

Kolibri 360 GmbH
Ferdinand-Jühlke-Straße 7
99095 Erfurt, Deutschland
produktsicherheit@kolibri360.de

Druck:
CPI Druckdienstleistungen GmbH
im Auftrag der
Kolibri 360 GmbH
Ferdinand-Jühlke-Str. 7
99095 Erfurt